光文社知恵の森文庫

佐藤健太郎

国道者

拡幅整備済

『国道者』改題

光文社

本書は『国道者』（２０１５年11月　新潮社）
を改題、加筆・修正したものです。

まえがき——万物に宿る「マニアという人種」

日本には古来「八百万《やおよろず》の神々」といって、万物に神が宿るという信仰があった。しかし現代の世界で万物に宿っているのは、マニアという人種ではないだろうか。車、パソコン、カメラ、野球といったところはもちろん、郵便局、マンホール、ダム、暗渠《あんきょ》、間取り図、ガスタンク、送電線の鉄塔、顔はめ看板、エアコンの室外機などなど、傍目《はため》からはそれの何が面白いんだと思うような対象を熱愛するマニアが、どんなものにでも一定数存在しているのである。

と、人ごとのように言っている筆者は、「国道」のマニアである。鉄道マニアは最近すっかりメジャーになったが、同様にして各地の道路巡りを趣味とする人も存在しているのだ。とあるSNSの国道関連コミュニティの人数は一万人を超えているし、筆者が以前書いた『ふしぎな国道』（講談社現代新書）なる妙な本も、版元の予想を超えて四万部近い売り上げとなった。案外、この変な趣味の層は厚いのである。

では、国道マニアという人種はいったい何をしているのか？　鉄道マニアにも乗り鉄、撮り鉄など多くのジャンルがあるように、国道マニアも人によって楽しみ方は様々だ。各地で国道標識の写真を撮ってコレクションする者もいるし、荒れ果てた廃道に入り込み、探検する者もいる。かつて国道であった旧道の経路を解き明かすのも奥が深いし、すでに使われなくなった古いタイプの標識や看板を探し歩くのもなかなか楽しい。道路の新規開通に必ず駆けつける人もいれば、ある地点から地点までの最速ルートを求めてチャレンジを繰り返す人もいる。中には、国道を一切使わずどこまで行けるか研究するという、最高にバカバカしい（マニア間における最大の賛辞）ことにのめり込んでいる人までいる。普通の人はまるで空気のように、その存在に注意を払うことすらない道路に、かくも情熱と時間と手間暇を注ぎ込む人種がいると知った時、筆者は何やら世界観が引っくり返るような思いがしたものであった。

筆者ももともとドライブ好きであったし、化学の研究者出身なので凝り性でもある。そこに前記のようなマニアたちの存在を知り、情報交換をしているうちにいつしか、文字通り「この道」にのめり込んでいったわけだ。気がつけば筆者は一八年の間に、北は稚内から南は石垣島まで、約三二万キロを走ってきた。山の中の細道で脱輪したり、四度ばかり車中泊中に職務質問を受けたり、レンタカーの誤表記にだまされてガソリンエンジン車に軽油を給油してしまい、バイパス走行の真っ最中に突然車がストップしてしまったり、長時間走行の疲労のため誤ってラブホテルに転がり込んでしまい、一人まんじりともできず一夜を過ごしたりなど、様々な経験をしてきたが、いまだ飽きることがない。この国の姿を、自分の目できめ細かく見て回れる、素晴らしい趣味と思っている。

と、それだけ走り回ってくると、これは何だか妙だなと思える道路に出くわす。階段が国道指定されているような、誰が見てもあからさまにおかしな場所もあるし、国会議事堂前の道がいつの間にか国道になっていたケースのように、よほど気をつけて観察していないと気づかないものもある。首都圏の大幹線である国道一六号は、なぜここなのだろうと首をひねるような小さな交差点でひっそりと終わるし、鹿児島の四九九号は出発してからわずか六二メートルで、海に突き当たって途切れる。観察の目をよくよく注いでみれば、おかしな国道は少なからずあるのである。

疑問があれば、解明したくなるのが研究者という人種の常である。本書は、一八年間に出会った奇妙な国道たちの謎に、筆者なりに迫ってみたものだ。おかしなポイントには、調べていくとやはり必ず理由が見えてくる。歴史的経緯、地理的制約、政治家の横車などなど、道の数だけ事情があり、来歴があるのである。

こうしたことを知った上で改めて道を走ってみると、今まで気づかなかった風景が見えてくる。日常見慣れた国道は、それぞれ長い歴史と、様々な変転を繰り返した過去が刻みつけられた、現代史の生き証人なのだ。

というわけで読者の諸氏を、道路をめぐる謎解きの旅にご案内したい。本書をお読みになった後は、無個性でどれも同じように見える国道たちが、どこか今までと違って見えてくることをお約束しよう。

国道者 目次

CHAP. 2 関東編

CHAP. 3
東海・中部・北陸編

CHAP. 4 近畿編

CHAP. 5 中国・四国編

CHAP. 6

九州・沖縄編

地図製作／桜井勝志（アミークス）
装丁・本文デザイン／アフターグロウ

CHAP.

1

北海道・東北編

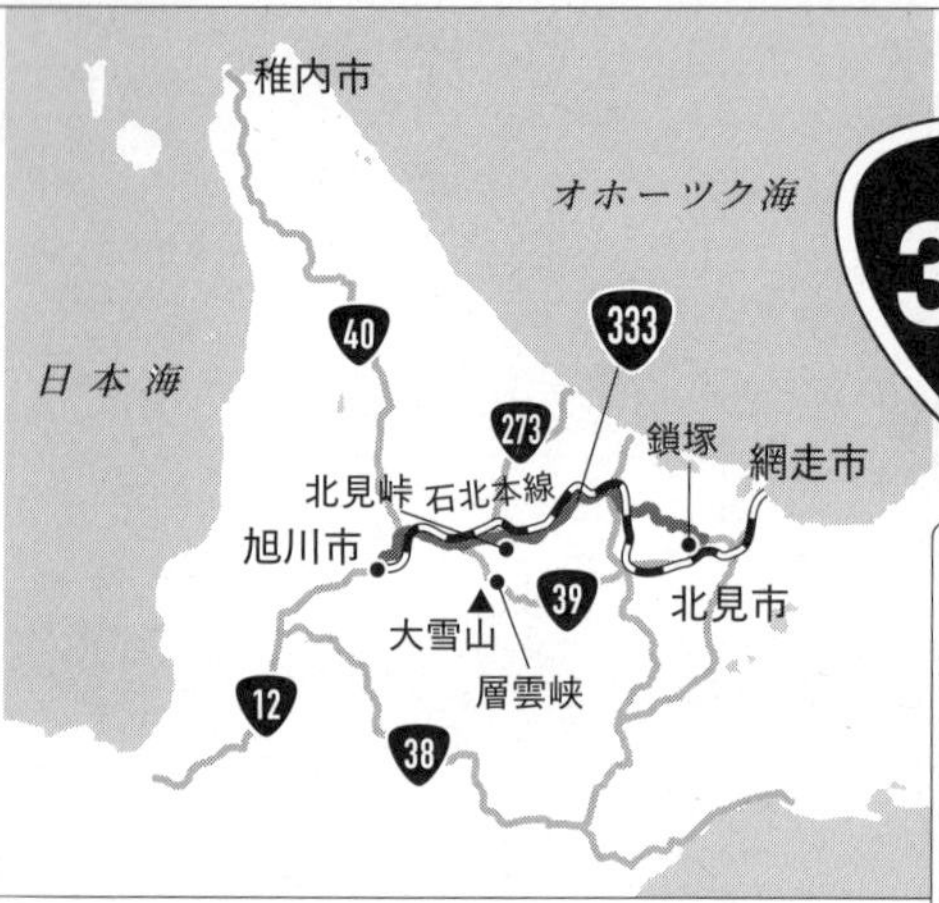

国道
333
ROUTE

網走監獄のルーツとなった道（北海道）

ドライブが好きな人なら、北海道は一度は走ってみたい憧れの地だろう。地平線まで一直線に続く道を、気の向くままに駆け抜ければ、日頃の憂さもどこかに飛んでいくというものだ。

北海道の道には、北国ならではの特徴も多い。着雪を防ぐために、信号灯は縦長スタイルだし、除雪した雪塊の置き場を確保するため、路肩は幅広くゆったりとってある。道路脇には、積雪時に路肩の幅がわかるよう、矢

現在の国道333号に、かつての面影はない

羽根型の標識が吊り下げられている。道に沿って延々と続く紅白の矢羽根は、ともすれば単調になりがちな北海道の道路に、不思議なリズム感を与えている。

と、このように設備の整った道で快適なドライブを楽しめるのは、現代の我々のみの特権だ。北海道の道路の多くは、非常な困難と労苦の末に開削されたものだ。たとえば国道三三六号の襟裳《えりも》岬《みさき》東側付近は、「黄金道路」の通称で知られる。これは、別に道路が金色をしているわけでも、この地から黄金が出土したわけでもない。このエリアは日高《ひだか》山脈が海に落ち込む断崖絶壁であったため、非常な難工事を強いられ、道路に黄金を敷き詰めたほどの建設費がかかってしまったがゆえの名

北見市端野図書館付近で333号は終点となる

称だ。同じく難所であった国道二三一号雄冬《おふゆ》岬付近は、これを超えるほどの金額がかかったため「ダイヤモンド道路」の名で呼ばれる。

かくも北海道の道路建設に金と時間がかかるのは、冬が厳しく工事可能な時期が短いこと、そして元になる道路がないため、資材の運搬などが困難であるからだ。一本の国道を建設するために、三〇年、四〇年を費やしたケースも珍しくはない。

当然ながら、明治期における道路造成の労苦は、現代の比ではなかった。中でも悲惨であったのが、現在の国道三三三号建設にまつわる話だ。北海道中部を東西に結ぶルートで、鉄道でいえばＪＲ石北《せきほく》本線の経路にほぼ相当する。

明治新政府は、北の大地に眠る石炭や木材などの資源を手にすべく、巨額の予算を投じて北海道の開拓に乗り出した。中でも急がれたのが、道央の軍事拠点である旭川から、オホーツク海に面する網走《あばしり》までをつなぐ「中央道路」の建設であった。この時期、ロシア帝国が南下を目指して圧力を強めており、日本にとって大きな脅威となっていた。国防上、中央道路建設は最優先課題だったのだ。

一八八九（明治二二）年、中央道路の建設が始まる。驚くべきはそのスピードだ。約一六〇キロメートルにわたる仮道が、わずか六〇日で造られたと記録されている。難所の北見峠《きたみ》を含む未開の原生林を、人力のみで切り拓いたことを思えば、ちょっと信じ難いほどの速度だ。

一八九一（明治二四）年には本格的な工事が開始され、なんとこの年いっぱいで、中央道路は完成した。いくらロシアの脅威に備えるためとはいえ、ものの数ヶ月で約一六〇キロの道を造り上げてしまったのだから、これはギネスブック級の記録というべきだろう。

この超スピードを可能にしたのは、囚人たちを駆り出しての過酷な強制労働であった。このために、もともと釧路《くしろ》にあった監獄の分所が網走に造られ、ここから囚人が作業に送り出された。これが、かの有名な網走刑務所のルーツだ。

当時の網走の監獄にいたのは、自由民権運動家などの思想犯や、凶悪犯罪者であったから、彼らに対する扱いは極めて過酷なものであった。ろくな食事も与えぬままに深夜まで作業が行われ、逃亡者には残酷な刑罰が加えられた。

現場は囚人たちのうめき声で、この世の地獄さながらであったという。酷使された囚人のうち二〇〇名以上が死亡、行方不明者はそれを上回ったとされる。死体は路傍に埋められ、土饅頭の上に手足を縛っていた鎖だけが残された。これらは「鎖塚」の名で呼ばれ、今もその跡が残存する。

こうまでして切り拓いた中央道路だが、あまりの道の険しさのために利用者は少なく、灌木《かんぼく》が生い茂るままとなってゆく。一九五二(昭和二七)年には国道三九号に指定されるが、天嶮《てんけん》の北見峠は改良もままならなかった。やがてより南側の石北峠が開通すると、国道はこちらに付け替えとなり、かつての中央道路は北海道道に格下げとなってしまった。三三三号として国道に再昇格し、国による整備が再開されたのは、ようやく一九七五(昭和五〇)年のことであった。

現在の三三三号は快適な道路で、峠に立つ慰霊碑以外に往時を偲《しの》ばせるものはない。

D A T A

国道
333
ROUTE

都道府県	北海道
起　　点	北海道旭川市
終　　点	北海道北見市
路線総延長	169.9km
現道実延長	102.9km
制　定　年	1975年

旭川から北見まで、国道39号のサブルート的な役割を果たす道。北海道の国道には「○○国道」の愛称がつけられているが、この道には「上越（かみこし）国道」「遠軽国道」の名がついている。難所の北見峠には、国道450号旭川紋別自動車道が並走しており、冬季の通行も可能になっている。

路線総延長:指定された区間の全延長。現道実延長:上位国道との重複区間、未開通区間、海上区間、バイパスなどを除いた延長。データは国土交通省道路局「道路統計年報」より（以下同）

しかしその路傍には、今も囚人たちの死体が数知れず埋まっている。

今や日本の土木技術は世界に誇れるものとなったが、こうした残酷な時代があったことにも、目を背けてはなるまい。

それは、そう遠い昔ではない。

国道 339 ROUTE

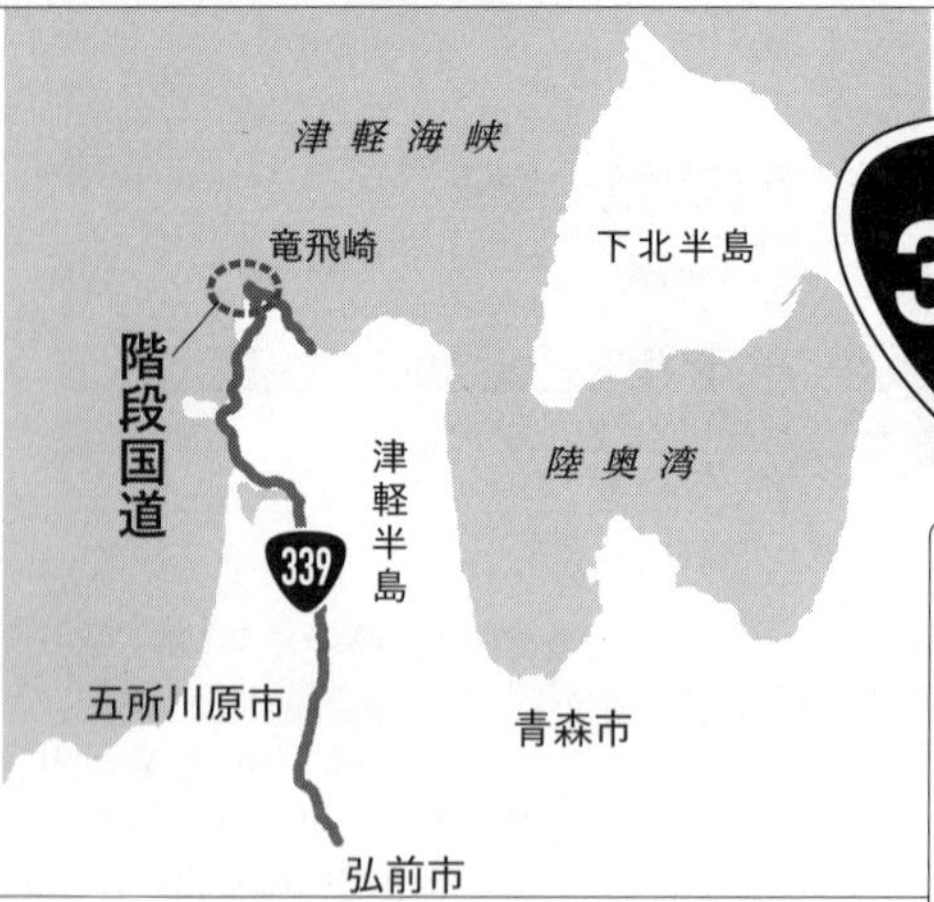

竜飛崎に全国唯一の階段国道（青森県）

国道というものは、当然ながらスムーズな自動車交通のために存在している。しかし、国道の名がついていながら、車両通行が不可能な場所も実は結構ある。厳しい山地で道路がまだ開通していないところもあるし、海上をフェリーで渡る航路が国道指定されているケースも多い。また災害や事故などで道が封鎖され、そのまま廃道化したケースもある。通行不能の国道も、理由は様々だ。

しかし、国道が階段であるため、車両が通

下から見上げる階段国道。わかってはいても異様な光景

過できないという場所は、全国でも一ヶ所しかない。クイズ番組などでもたびたび取り上げられているので、ご存知の方も多いことだろう。津軽半島の突端、竜飛崎《たっぴざき》にある階段が、国道三三九号に指定されているのだ。

国道三三九号は青森県弘前市《ひろさきし》から始まり、津軽半島を縦断する。途中の「竜泊《たつどまり》ライン」と名づけられたエリアは、日本海沿岸を走り抜ける爽快な道で、東北屈指の素晴らしいシーサイドラインだ。

しかし津軽半島は地形が厳しく、途中で海岸を離れて急坂を走り、山へ登っていかねばならない。本当に日本という国は、尻尾まで餡《あん》の詰まった鯛焼きのように、半島の突端に至るまでびっしりと山ばかりの国だなと実感させられる。

山の稜線を行く道は、これまた快適なドライブコースだ。山並みの続く光景に風力発電の巨大な風車がアクセントを添え、天気がよければ、津軽海峡越しに北海道最南端の白神《しらかみ》岬も望める。

そしてたどり着いた津軽半島のどん詰まり、竜飛崎にあるのが問題の階段国道だ。当然自動車はおろかバイクでも通れない、歩行者専用の階段である。

どう見ても妙な状況だが、国道であることを特に隠す様子もないどころか、堂々と「階段国道」の標識を立てているのだから、これは完全な確信犯だ。案内看板などは来るたびに着々と整備が進んでいるが、車が通れるようにする気はさらさらなさそうだ。「スムーズな自動車交通確保のため」という道路整備の基本思想を、爽やかなまでに無視してのけている。

階段は全部で三六二段。静かな漁港と青い海が見下ろせ、風景の方はなかなか美しい。階段は歩きやすく幅も確保されており、シーズンになると両脇に植えられたアジサイが鮮やかに道を彩る。

階段を下り切った後は、民家の間を縫う幅一メートルもなさそうな路地が続く。時には住民が置いていている植木鉢や漁網が、行く手をふさいでいたりもする。さすがにここは国道ではないのかと首をひねっていると、目の前にひょっこりと青い逆三角形の標識が出現するので驚く。何とも人を食った国道だ。

しかしなぜ、こんな国道が出来上がったのだろうか。テレビ番組などではよく「役人が現地を見ずに、地図上だけで国道経路を決めてしまったため」という説明がなされている。しかしこれは、どうやら都市伝説に過ぎないようだ。

松波成行《まつなみしげゆき》氏の『国道の謎』（祥伝社新書）によれば、この部分が階段であることは地元も建設省（当時）も把握した上で、国道指定がされたらしい（なお、国土交通省東北地方整備局のホームページによれば、この道は国道指定まで階段はなく、狭い急坂であったという。周辺にある小中学校へ通う子供たちのため、青森県によって階段が整備されたとしている）。当時は青函トンネルが工事中で、資材を運ぶために道路整備の必要があった。このため、暫定的にこの階段を国道指定して整備予算を取りつけ、車道を建設する予定だったのだ。こうした「暫定国道」は別に珍しくなく、暗《くらがり》峠（188ページ）などもこの類だ。実際、階段国道に並行する車道がその後に整備されており、本来は国道の経路がこちらに変更される手筈であったのだろう。

ところが、この車道が完成する前に、「全国で唯一の階段国道」がテレビなどで取り上げられ、多くの人が訪れるようになってしまった。ならば、このまま珍しい階段国道を残し、竜飛観光の目玉に活用しようということになったようだ。

この作戦は図に当たり、休日にはかなりの数の観光客がこの階段を上り下りしている。今や階段国道は、竜飛エリアの観光ガイドブックにも必ず収録されるほど有名な存在だ。二〇一三（平成二五）年の訪問者数は一八万人を超え、外ヶ浜町最大の観光地となっているという。平凡な階段と、どこにでもある標識の組み合わせだけで多くの人を呼べているわけだから、なかなか気の利いた行政手法といえそうだ。

村おこし、地元の名物作りに悩んでいる自治体は数多い。金のかからない観光資源の開発事例として、階段国道は大いに参考になるのではないだろうか。

D A T A

都道府県	青森県
起　　点	青森県弘前市
終　　点	青森県外ヶ浜町
路線総延長	127.8km
現道実延長	94.9km
制　定　年	1975年

現在は快適な竜飛～小泊間の「竜泊ライン」だが、かつてはほとんど道らしい道が存在しない非常な難所であった。そこでこの区間の一部は、自衛隊が建設に当たっている。沿線には４つの道の駅があり、それぞれで果物・しじみ・海鮮丼などのご当地グルメを楽しめる。

追記：

二〇一六年、階段国道下の民家十数棟が焼ける大きな火災が発生し、しばらく通行止めとなった。その後復旧したが、周辺の風景はやや変わってしまった。階段国道のおにぎり標識は、潮風で傷んだため二〇二二年にリニューアルされている。

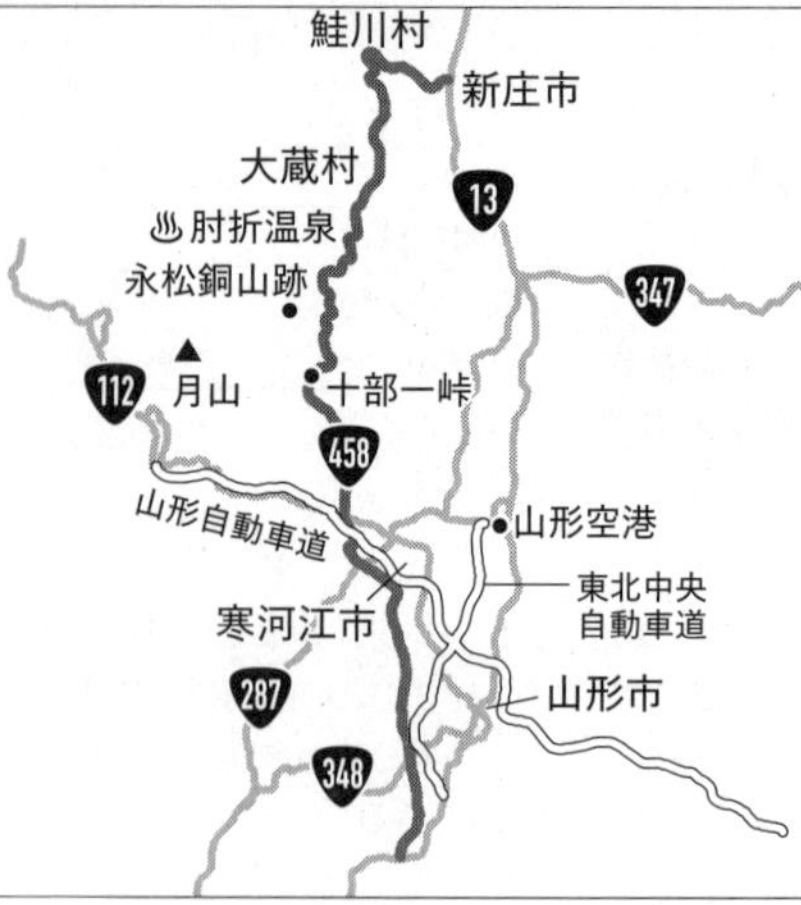

国道 458 ROUTE

デコボコ道で昭和を体感（山形県）

歴史学者によれば、昔のことで一番わからないのは、庶民の生活に関する事柄なのだそうだ。たとえば各時代の庶民が何を着て何を食べ、どんな家に住んでいたのか、案外詳しく解明されていないらしい。その時代にごく当たり前と思われていることは、誰もわざわざ記録しようとしないので、意外にすぐわからなくなってしまうのだ。

道路の状況もこれと同じことがいえる。国道二〇号が五〇年前にどういう状況だったか、

新庄市内を走る国道458号。このあたりはごく普通の道

正確に覚えている人はまずいない。もしいても、覚えているのはごく一部の区間のことで、数十年も経てば道路の全貌はなかなか把握しづらくなる。

そうした中で、作家・阿川弘之《あがわひろゆき》氏の「一級国道を往く」（中公文庫『空旅・船旅・汽車の旅』に収録）は、かつての道路状況を伝える貴重な資料だ。一九五八（昭和三三）年に、東北地方をトヨペット・クラウンで走行した時の記録だが、これが実に凄まじい。この時代、東北の大幹線である国道四号ですら、舗装された場所はごくわずかであった。口絵の写真を見ても、轍《わだち》がなければどれが道路かわからないような状態であり、少しでも走りやすいように手が加えられた形跡は見えない。

路面がえぐれた道を自ら地ならしして乗り越えたとか、泥の氷河のような急坂でスリップして二進《にっち》も三進《さっち》もいかなくなるとか、今の感覚ではとうてい信じられないような話が続出する。日本の国道を行くにはジープでも足りず、水陸両用戦車が必要だという阿川氏の述懐は、決して大げさではない。

阿川氏は、最初の旅から二二年後の一九八〇（昭和五五）年に、再びほぼ同じコースのドライブに出ている。この時には東北自動車道も開通しており、広い国道を車が埋め尽くすほどになっていた。かつては強行軍で丸二日を要した東京〜花巻の道のりが、二二年後には九時間半だったという。変われば変わるもので、とても同じ国とは思えない。昭和の後半は、日本の歴史上で最も交通インフラが激変した時代であったろう。

その後も着々と国道の舗装整備は進み、泥道や砂利道は姿を消していく。平成に入ってからも、三重〜滋賀間の国道三〇六号鞍掛《くらかけ》峠、秋田県の国道三四一号、北海道の国道四五二号などにいくつかダート（未舗装）区間が残されていたが、これらも次々にアスファルトで覆われていった。もちろん、幅が狭く路面も荒れた「酷道」区間はまだ山岳部に残存するが、さすがに未舗装区間はほぼ絶滅している。

が、やはり日本は広い。いまだダートのままの国道が、山形県に残されているのだ。場所は、国道四五八号の十部一《じゅうぶいち》峠、大蔵《おおくら》村と寒河江《さがえ》市の境に当たるエリアだ。もともとは、日本三大銅山の一つといわれた永松《ながまつ》銅山へ行くために切り拓かれた道で、最盛期は三〇〇〇人ほどがこの山で働いていたという。しかし一九六一（昭和三六）年に永松銅山が閉山した後は、この道も寂れる一方となった。

その道が、なぜ国道に指定されることになったか。これは、山形県内の国道が通っていない自治体が集まって、この道の国道昇格を請願した結果であったようだ。実際、四五八号は新庄市を北西へ向けて出発し、鮭川《さけがわ》村役場付近に立ち寄った後で南へと鋭角に折れて大蔵村へ向かうという、実に妙な経路をたどっている。無理矢理なルーティングから、「我が村にも国道が欲しい」という切なる思いが伝わってくるかのようだ。

古くから湯治場として知られた肘折《ひじおり》温泉まではよい道が整備されているが、その後は急に狭くなり、やがてダート区間が姿を現す。路面は比較的締まっており、さほど走りづらくはないが、はねた小石が車の底を打つ音は、やはりあまり気持ちのいいものではない。

通常ならさっさと舗装が進みそうなものだが、この道には一三号・三四七号など整備状態のよい道が並走しているため需要が少ないこと、また豪雪地帯であるため閉鎖期間が長いことなどが影響し、今に至るまでダートが残ってしまったようだ。

とはいえ最近では、カーブの厳しいところから少しずつ舗装が進められており、ダート区間は徐々に消滅に向かいつつある。国内からついに未舗装国道が消える日も、そう遠くはなさそうだ。

個人的には、こうした道も一本くらい残っていてもいいのに、とも思う。全国どこに行っても同じコンビニ、同じショッピングモールばかりが並び、確実に地方の風景が画一化していく中、道路くらい個性的なものがあってもいいのでは、というのが好《こう》事《ず》家《か》の勝手な思いだ。

冬になる前に、もう一度あのデコボコ道を越え、ひなびた風情の肘折の湯に浸かってみたい。昭和の昔を思い返すには、格好の道のりである。

DATA

国道 458 ROUTE

都道府県	山形県
起点	山形県新庄市
終点	山形県上山市
路線総延長	112.6km
現道実延長	109.7km
制定年	1993年

江戸時代、永松銅山へ入る外部の商人は、商品の代銀の10分の1を通行料として藩に前納しなければならなかった。この「十分一役」を徴収する番所が峠に置かれていたのが、「十部一峠」の名の起こりであるといわれる。この他にも峠の名には、歴史を感じさせるものが多い。

追記：

日本最後の未舗装国道区間であった十部一峠だが、大雨災害からの復旧工事に合わせて舗装が進められた。二〇二二年に舗装工事が完了したため、ダート国道の姿を拝むことはもうできない。

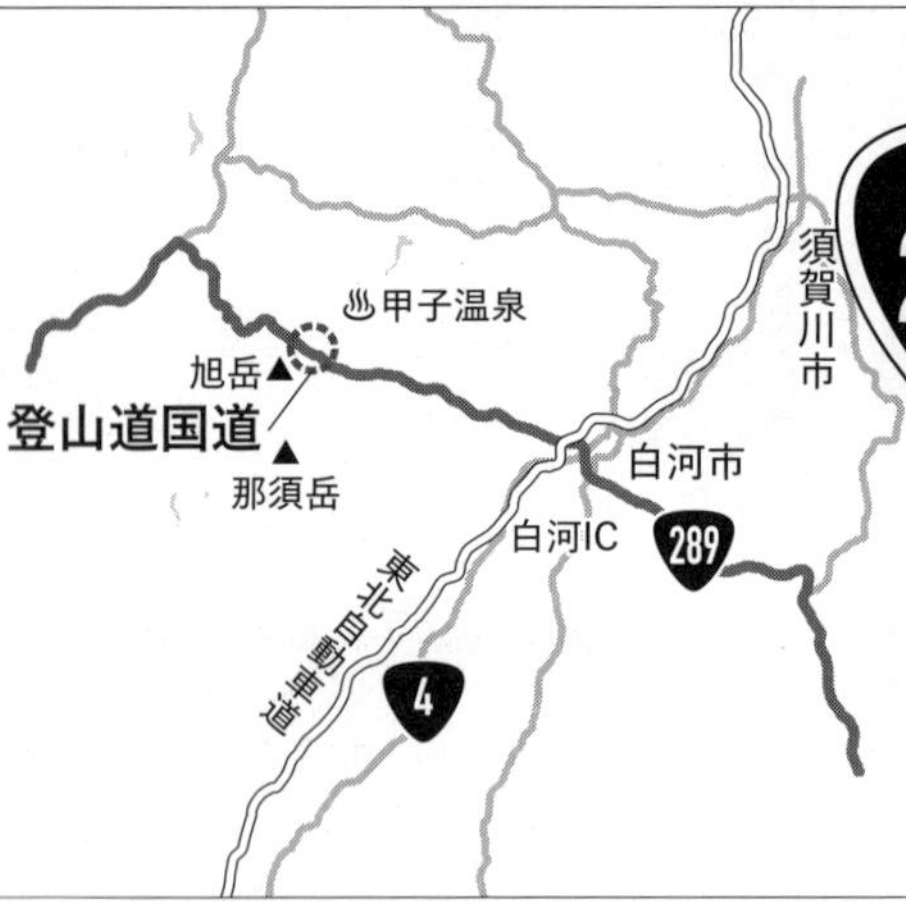

国道
289
ROUTE

秘湯にあった国道だけど登山道（福島県）

国道と一口に言っても、その幅や規格はまちまちだ。対向さえ難しい細く頼りない国道に入り込んでしまい、責任者出てこい！　と叫びたくなった経験をお持ちの方も、少なからずおられるはずだ。

実は、国道には道幅や交通量についての決まり事は何もない。階段だろうが海の上だろうが、国が「これが国道である」と決めてしまえば国道なのだ。これらは比喩でも冗談でもなく、実際にそうした国道が存在している

ひっそりと森に佇む289号標識

から困ってしまう。

　そうした「国道らしからぬ国道」の極北といえるのが、福島県西郷村《にしごう》の「登山道国道」だ。その異様さは上の写真をご覧いただければ一目瞭然だろう。車どころか自転車でも通れそうにない細い踏み分け道に、何か文句でもあるのかと言わんばかりに、国道二八九号の標識が突っ立っていたのだ。しかも標識がくくりつけられているのは、どういうわけか自然木で作られた支柱ときている。この地を訪れた現代芸術家の作品と言われれば信じてしまいそうなシュールな佇まいだが、これも国が決めた立派な国道であったのだ。

　と、過去形で書いているのは、この国道界屈指の名所たる登山道標識は、二〇〇八年に

白河藩主・松平定信公が愛した奥甲子の一軒宿

撤去されてしまったからだ。マニアの間では「触れると寿命が三年延びる」とまでいわれた名品であっただけに、その消滅は悔やんでも余りあるが、道路というのは日々移り変わっていく宿命であるから、これもまずは致し方ない。だがなぜこんな変なものが立てられ消えていったのか、事情は少々複雑だ。

　現地は白河《しらかわ》市の中心街から車で四〇分少々の距離にあり、そう人里から離れているわけではない。しかしその割にはずいぶん山深く、秘境のムードを色濃く漂わせている。白河を出てしばらくの二八九号は立派な道路だが、途中からは谷底へ向かう下り坂となる。道は細く頼りなく、あたりは人の気配すら感じさせない。二〇パーセントもの急勾配の場所さ

33ページ写真の手前にあった標識

えあり、降りるというよりは落ちると言った方が適切なほどだ。

この道を行けばどうなるものか、おそらくアントニオ猪木でも危ぶみたくなってくるであろう頃、この秘境には場違いなほど立派な温泉旅館が忽然と現れる。この甲子《かし》温泉唯一の旅館・大黒屋だ。建物は改装したばかりで真新しいが、江戸時代には白河松平《まつだいら》家の御用達だったという、由緒正しい宿だ。問題の登山道標識は、この宿の奥に流れる川を渡った先にあった。筆者がここを訪れた際、西郷村商工会の方が、この標識と大黒屋の関わりを詳しく語ってくださった。

国道二八九号を誕生させたのは、かの田中《たなか》角栄《かくえい》であったという。ある日この地を訪れた彼の「この道が村道ではもったいない、国道に格上げしよう！」という、鶴の一声で決まってしまったのだそうだ。二八九号が国道指定されたのは一九七〇（昭和四五）年だから、角栄が自民党幹事長として、まさに飛ぶ鳥を落とす勢いであった頃だ。

言うまでもなく二八九号は、彼のお膝元であった新潟へと続いている。すでに、いわき〜新潟間には国道四九号があったから、もう一本これと並行する国道を敷くのは無理筋もいいところであったと思うが、当時の彼ならではの力業《ちからわざ》だったのだろう。

だがこの時、測量ミスなどが絡んで、大黒屋の所有地が国道の一部として組み込まれてしまった。いずれ甲子峠のバイパスができた時に正式に返還すると決められたが、それまでこの土地が国道である証が必要になったため、妙な場所に標識が立てられた、というのが真相らしい。

が、バイパス工事は難航を極めた。もともと山奥の豪雪地帯で工事可能な期間が短いことに加え、予期せぬアクシデントがいくつも重なったのだ。二〇〇二（平成一四）年には大雨のために地下で地すべりが起き、せっかく掘ったトンネルを数本放棄するはめに陥った。谷をまたぐ甲子大橋も、業者の工事ミスで橋桁が傾き、一年以上も工期が延長されている。稀に見る苦難の道のりだったのだ。

二〇〇八（平成二〇）年九月、工事に三三年を費やした甲子道路は、ついに開通の日を迎える。しかしこの日、登山道にあった二八九号の標識は、律儀にも即日撤去となった。マスコミでもたびたび取り上げられていた名物だから、残しておけば野趣溢れる秘湯とセットで客を呼べたのに、惜しいことだ。実は大黒屋でも、記念にこの標識を引き取りたいと申し出たが、にべもなく却下されたという。あるいは、手を焼かされ続けた甲子道路の象徴として、関係者にとってはさっさと取り払ってしまいたい代物だったのだろうか。

甲子峠は苦難の末開通したが、実は国道二八九号はまだ完成していない。福島〜新潟県境にもう一つ未開通の峠があり、全通は二〇二〇年代になると見込まれている。角栄死して二九年、彼の夢見た列島改造は、いまだ終わってはいないのだ。

DATA

都道府県	新潟県、福島県
起　点	新潟県新潟市
終　点	福島県いわき市
路線総延長	275.9km
現道実延長	236.1km
制定年	1970年

この道にもう一つ残された未開通区間・八十里越の名は、実際には八里の道のりでありながら、八十里もあるかのように長大な峠であることが由来（異説もあり）。豪雪地帯でもあり、工事はなかなか進んでいない。司馬遼太郎の小説『峠』（新潮文庫）の主人公・河井継之助の終焉の地としても知られる。

追記：

新潟～福島県境の八十里越《はちじゅうりごえ》は、多数のトンネルと橋の建設が必要な難工事だが、二〇二六年ごろの開通を目指して工事が進行中。

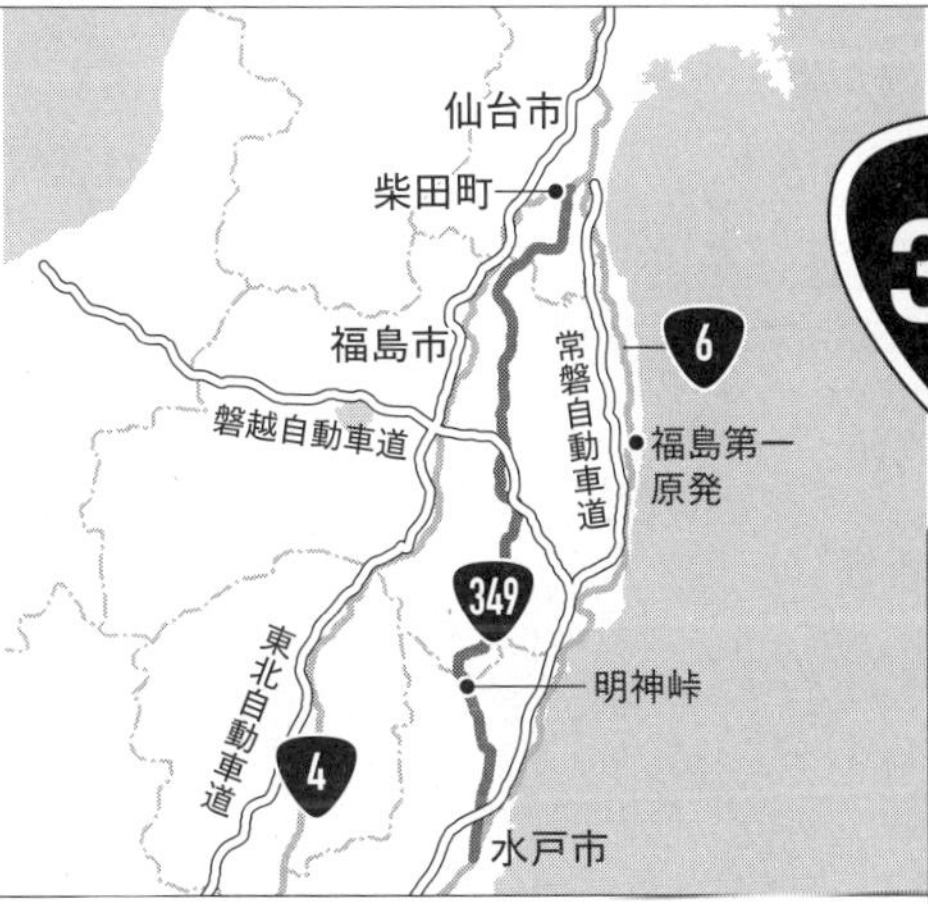

国道
349
ROUTE

阿武隈高地の隘路《あいろ》（福島県）

筆者のように、行き先も決めずただそこらをほっつき走る（そんな日本語はないが）のを趣味とする者にとって、ドライブしたいのは断然、都会より地方の道である。強引な割り込みや路上駐車、イラつく渋滞の心配もなしに気分よく飛ばせる地方の国道は、燃費も精神衛生上もよく、ストレス解消にはもってこいだ。

だがそうした地方の国道では、それまでの快適な道が、突如として狭苦しい「酷道」へ

のどかな風景を貫く頼りない道に、古びた標識が哀愁を誘う（福島県塙町）

とグレードダウンすることがままある。爽快なドライブから一転、路肩ぎりぎりですれ違わなければならない道に入り込んでしまい、冷や汗をかくこともある。同じ番号のついた国道であるはずなのに、かくも落差があるものかと呆れることも少なくない。

こうした国道内格差は、しばしば県境を越えたところで発生する。三桁番号を持つ国道の多くは、実は国ではなく都府県が管理しているため、県ごとに整備度が大きく異なることがあるのだ。

そんな道の一つに、国道三四九号がある。茨城県水戸市の中心部を出発し、福島県の阿《あ》武隈《ぶくま》高地を抜けて、宮城県柴田町まで続いている。総延長は二五〇キロメートルを超えて

茨城県内では、幹線国道の風格を漂わす（常陸太田市内）

いるから、数字だけ見れば堂々たる主要道路だ。

　三四九号を水戸から出発してみると、番号に似合わぬ幹線道路然とした造りであることに面食らう。四車線の広い道が続いており、東を走る国道六号、西を行く国道一一八号が裸足で逃げ出しそうな整備度だ。渋滞の酷い国道六号のバイパス的な意味合いもあって、茨城県内の三四九号は拡幅が進んだのだろう。常陸太田《ひたちおおた》市街地以北は二車線道路になるが、ゆったりと幅広く、十分に快適だ。

　しかし、明神《みょうじん》峠を越えて福島県に入ると、様相が一変する。センターラインは消え、時折現れる集落をつなぐひょろひょろした道に成り下がる。本当にこれが国道で間違っていないのかと、首をひねりたくなるような頼りなさだ。時に改良済みの二車線区間も現れるが長続きはせず、すぐに元の細道に戻ってしまう。標識類も傷んだものが多く、一九七五（昭和五〇）年の国道指定以来、ほとんど状況が変わっていないことを窺わせる。

この道を走っていて何が辛《つら》いかといえば、どこまで走っても風景が変わっていかず、前に進んだ実感がないことだ。淡々と、延々と続く山林と田畑の中、ひたすらに車を走らせていると、醒めない夢の中で、何とか目覚めようともがいているような気持ちになってくる。

この頼りない国道三四九号に、多くの車が押し寄せる事態が発生した。原因は、二〇一一（平成二三）年三月の福島第一原発事故だ。福島浜通りの南北交通を支える国道六号は、原発から二キロほどしか離れておらず、通行止めを余儀なくされた。常磐道も警戒区域内だし、もう少し西を走る国道三九九号は全くの酷道で、間違っても六号の肩代わりなどできる道ではない。かといって東北自動車道や国道四号は、迂回路としてあまりに遠すぎる。消去法によって、三四九号が代替ルートにならざるを得なかったのだ。

しかしこれは三四九号沿線の住民にとっては、多大な迷惑以外の何物でもなかった。朝早くから大型車が行き交うようになり、住民の安全も安眠も奪われてしまった。二〇一二（平成二四）年の調査によれば、三四九号を走る車の七割が、六号の迂回路としてこの道を利用したという。単純計算で、交通量が一挙に三倍以上に膨れ上がったわけだ。同六月には、二本松市内の三四九号で、ワゴン車と大型トレーラーが正面衝突して、五人が亡くなるという痛ましい事故も起きている。

何とか対処できないものかと思えるが、三四九号沿線は阿武隈高地の過疎地域であり、整備はずっと後回しにされてきた。たとえば三四九号鮫川バイパスは、わずか三キロ足らずの区間開通に、二七年もの歳月を要している。特に震災と原発事故後は、海岸沿いの地域の復興に力を注がねばならなかったから、この地域は大いに割りを食うはめとなった。

そうこうしているうち、二〇一四（平成二六）年九月に、国道六号の通行規制が解除となり、三四九号沿線には三年半ぶりに静けさが戻ってきた。しかし逆にいえば、この最も整備の必要性が高かった期間でさえ、三四九号には全く改良の手が入らずじまいであったともいえる。

DATA

都道府県	茨城県、福島県、宮城県
起　　点	茨城県水戸市
終　　点	宮城県柴田町
路線総延長	266.7km
現道実延長	238.1km
制　定　年	1975年

この道の起点は水戸市内の国道50号交点であったが、2002（平成14）年に梅香トンネルが開通して以来、中途半端なところが起点になってしまった。梅香トンネルは600mほどの長さながら、軟弱な地盤と密集するライフラインのため、語り草になるほどの難工事であった。

人口が少ないから整備が進まず、整備が進まないから人が減っていく。あるいは道路の整備が進めば、かえって都会への人の流出を促すだけなのかもしれない。

人口の都市への集約、地方の消失は、あるいは止めようのない流れであるかとも思える。だが、それが起こっている現場をリアルタイムで見るのは、なかなか悲しいことではある。

国道 401 ROUTE

永遠の開かずの国道（福島県・群馬県）

国道と一口にいってもいろいろなものがある。本書でも取り上げている通り、狭すぎてすれ違いもままならないような「酷道」も、山岳地域には少なくない。しかし、程度が酷くとも通れるならまだいい方で、山中などで道が途切れてしまい、車両通行不能の国道も存在する。

こうした通行不能区間は、徐々に解消の方向に向かっている。一九九八（平成一〇）年には、長らく「開かずの国道」であった一四

尾瀬には木道があるだけである（尾瀬の郷　片品村提供）

〇号雁坂峠《かりさか》にトンネルが開通し、初めて埼玉県と山梨県が車道で結ばれた。最近では二〇一三（平成二五）年一一月に国道三〇五号ホノケ山トンネルが開通し、福井県内陸から若《わか》狭《さ》湾への道が通じている。

この断絶区間が最もたくさんあるのが、群馬県北部の一帯だ。国道一七号が唯一三国峠を越えて新潟へと続いているが、その他は峻険な越後山脈の前に、四〇五号、三五三号、二九一号、四〇一号が枕を並べて討ち死にしている。

このうち一番東の四〇一号は、車道が将来もつながらないことが確定している、「永遠の開かずの国道」だ。断絶区間に横たわるのは尾瀬の湿原であるといえば、その理由も察

尾瀬へと続く福島県内の401号

しがつくだろう。

尾瀬は、燧《ひうち》ヶ《が》岳《たけ》、至仏山《しぶつさん》、鳩待峠《はとまちとうげ》、富士見峠、三平《さんぺい》峠、沼山峠などに囲まれた広い盆地を指し、そのエリアは新潟・群馬・福島の三県にまたがる。ミズバショウやニッコウキスゲなど貴重な高山植物の宝庫であり、日本が世界に誇る自然の楽園であることは、改めてくだくだ述べるまでもないだろう。

筆者は学生時代に、研究室の教授に連れられて初めてこの地を訪れた。すれ違う人がみな「こんにちは」と声をかけてくるのに最初は驚いたが、美しい風景の中を歩くうち邪心が抜けたような気になり、自分も自然に挨拶をするようになっていた。心が洗われるとはこのことか、と思ったことを記憶している。

この尾瀬をダムとして発電所に変えよう、あるいは車道を通そうという動きは、明治の昔から繰り返されてきた。自然破壊を伴う開発が阻まれ、尾瀬が今の姿に保たれているのは、沼のほとりで三代にわたって山小屋を経営してきた、平野《ひらの》長蔵《ちょうぞう》、長英《ちょうえい》、長靖《ちょうせい》の三氏の力によるところが大きい。

初代の長蔵が尾瀬に「長蔵小屋」を開いたのは一八九〇（明治二三）年のことで、これが尾瀬開山の年とされる。長蔵は「尾瀬沼山人」を名乗り、直情径行、権威を恐れぬ人柄で知られた。植物学者の牧野富太郎《まきのとみたろう》が、尾瀬の植物を多量に採集して帰ろうとしたのを見つけた際には、「研究するだけでなく保護を考えてくれ」と一喝し、以後の宿泊を許さなかったというエピソードが残されている。

大正に入ると、増加する電力需要に応えるため、電力会社が水の豊富な尾瀬に目をつけた。しかし長蔵はこれに激しく反対、内務大臣に訴え出るなどしてダム建設阻止にこぎつける。これは、日本で「自然保護」という概念が広く知られるきっかけとなった。長蔵の死後は息子の長英が運動の中心として活躍、発電所建設を食い止めている。

戦後、唱歌『夏の思い出』などによって、尾瀬の美しい風景は広く知られるようになる。自然保護運動も高まりを見せたが、一方で弊害も出てきた。この地を訪ねる人が増えたため、尾瀬への自動車道路開発が進んだのだ。古くから三平峠から沼山峠へは沼田街道が通じ、交易に利用されてきたが、これを拡幅して車道にしようという計画であった。昭和四〇年代には、沼山峠、三平峠、鳩待峠まで着々と工事の手が伸びていく。長蔵小屋の三代目主人・長靖は切歯扼腕《せっしやくわん》するものの、為す術なく煩悶の日々を送っていた。

一九七一（昭和四六）年、長靖は最後の賭けに出る。環境庁（当時）の長官・大石《おおいし》武一《ぶいち》に、工事中止を直訴したのだ。大石は自らの足で尾瀬を視察し、建設推進派の田中角栄や三県知事らに抗して、道路建設中止を決断する。まさに歴史的な裁定であった。

しかしこの年の一二月、長靖は自らが守り抜いた尾瀬の地で大雪のために遭難し、悲劇的な死を遂げる。三六歳の若さであった。尾瀬を知り尽くした男がなぜ、ともいわれたが、自然保護団体の会合に出席するため先を急いだことが、不慮の遭難の一因であったようだ。

現在の国道四〇一号は、三平峠・沼山峠のずっと手前で途切れており、その先はマ

DATA

都道府県	福島県、群馬県
起　　点	福島県会津若松市
終　　点	群馬県沼田市
路線総延長	190.7km
現道実延長	86.9km
制 定 年	1982年

自動車で通過できない県境は群馬～福島間の他、長野～富山県境も車道はなく、関電トンネルトロリーバスが両県をつなぐ唯一の交通機関だ。埼玉～長野県境にも国道・県道はなく、中津川林道だけが間を結ぶ。石川～岐阜県間は、白山白川郷ホワイトロードが唯一の車道だ。

イカー乗り入れ禁止となっている。二〇〇七（平成一九）年には尾瀬国立公園が誕生し、この地に車道が通らないことが最終的に確定した。

これから、尾瀬に観光に出かける方も多いと思う。可憐な花々を愛でる傍ら、この風景を守るために尾瀬に殉じた三代の男たちのことを、ほんの少し思い起こしてほしい、と思うのである。

Column 1　断絶国道

道路整備が進んできた現代でも、車道が未開通の国道が二十数ヶ所存在する。国土地理院の地図では点線で表記されるため、「点線国道」とも通称される。中部地方や紀伊半島の山岳地域に多く、国道422号（滋賀県大津市〜三重県紀北町）などのように、複数の断絶区間を抱えた国道もある。

国道357号東京湾岸道路は、品川埠頭付近、多摩川河口付近などに未開通区間を抱えており、珍しい都市部の断絶国道となっている。国道152号のように林道などで迂回ができ、実際上は支障なく通行が可能な区間も多い。また国道352号萱峠、国道417号冠山峠などはバイパス工事が進行中で、近く断絶区間は解消すると見られる。国道291号清水峠は、明治時代に一度は開通したものの廃道化し、再開通の見込みは立っていない。

CHAP.
2
関東編

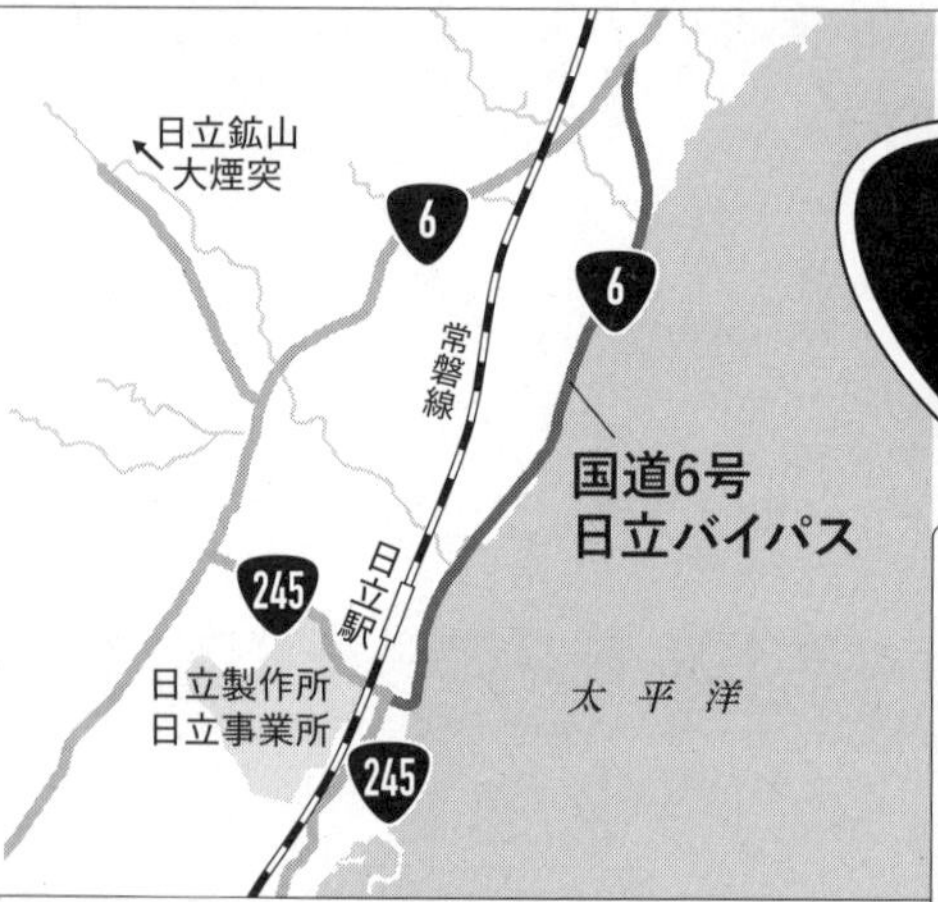

国道 6 ROUTE

「ある町の」海の国道（茨城県）

平野部が狭く、いくつもの島に分かれた国土を持つ我が国では、涙ぐましいまでの努力で様々な場所に道路が造られてきた。その中には、なんと海上を走っている国道もある。島に渡る道ということではなく、本来陸地を走ればいい道が、わざわざ海の上にはみ出してしまっているケースだ。高速道路では北陸自動車道の親不知《おやしらず》インターチェンジ付近、一般国道では六号日立バイパスがそれに当たる。左上の写真のように海中に橋脚を浸す形で、

海上を走る国道6号日立バイパス

高架の道路が造られているのだ。

親不知は、北アルプスが日本海になだれ落ちる有名な天嶮であり、道を通す場所がなかったためこうなったと容易に推測される。しかし特別に険しい地形でもない日立市に、いったいなぜこんなものができたのか、事情を語れば少々長くなる。

茨城県日立市は関東平野がちょうど終わって、阿武隈山地が始まるところに位置している。平地は少なく、本来大きな街ができるような地形ではない。そんな場所に人口二〇万人近い規模の都市が成立してしまったのは、ここにかつて大規模な銅の鉱山があったおかげだ。日立市北西部に位置する日立鉱山は、比較的首都圏に近く、JR常磐線など交通の便のよいためもあって、明治期から急速に開発が進められ、日本有数の銅山となっていく。

さらに、この銅山で用いられる機械の修理部門が、電機メーカーとして独立する。これが日立製作所だ。同社はその後、四〇万人近い従業員を擁する巨大企業グループに成長していき、日立市は銅と電機の街として大いに繁栄する。

急速な発展と繁栄は、弊害をも伴わずにおかない。その一つが公害問題で、銅の精錬の際に出る亜硫酸ガスを含んだ煙が、周辺の集落や農地に大きな被害を与えたのだ。これに対して様々な方策が講じられたが、最終的に高さ一五〇メートルを超える巨大な煙突を建設し、上空に拡散させるという方法が採られた。一九一五（大正四）年に完成した「大煙突」がそれだ。

これは、当時としては画期的な公害対策であった。足尾《あしお》や別子《べっし》の悲劇の轍を踏まず、徹底した対策によって地元の繁栄をもたらした点で、日本産業史上に特筆される出来事であったといえる。こうして「東洋一の大煙突」は、工業都市・日立のシンボルとして長く親しまれることになる。この経緯は、新田次郎《にったじろう》の小説『ある町の高い煙突』（文春文庫）に詳しい。

昭和期の日立市で深刻な問題となったのは、交通渋滞であった。鉱工業の急激な発展によって人口が急増した上、工場からの大型車が多数行き交うことになったから、市の幹線道路である国道六号は、関東屈指の渋滞の名所と化した。拡幅しようにも平地は工場がびっしりだし、山腹は住宅が埋め尽くしている。山にトンネルを掘ろうにも、縦横無尽に張り巡らされた銅山の坑道が妨げとなる。こうして日立の渋滞は二進も三進もいかぬまま、数十年の歳月が流れてしまった。

平地も山も地下もダメなら海の上を通せ、というウルトラCが提案されたのは、一九七七（昭和五二）年のことであった。しかしその後も、ルートの調整、漁業権の補償の問題などが絡み、バイパスの建設は難航する。ようやく海上部分が開通したのは、二一世紀に入ってからになってしまった。

開通した道路は、実に見事なものだ。シーサイドラインはどこも気持ちのよいものだが、海の真上を走る感覚というのは他では味わえず、大変に爽快だ。高台から海上道路を見下ろすこともでき、CMの撮影などにもよさそうに思える。

東日本大震災では、震度6強の揺れと津波の直撃を受けたが見事耐え切り、被災地への物資輸送に大きく貢献した。

しかし日立バイパスは、計画から四〇年以上を経た現在も、いまだ北半分のみしか開通していない。海中の橋脚が波によって削れ、ダメージを受けていることもわかっており、これ以上の延伸に二の足を踏ませる要因となっている。

そうこうしているうち、日立グループの再編などによって市の人口は減少し、急速に高齢化している。街のシンボルであった大煙突は、一九九三（平成五）年のある日、強風によって突如倒壊した。工業都市の衰退を象徴するかのような、悲しい出来事であった。

山と海に挟まれた土地という地理的制約と戦い、急速な工業化によるひずみと折り合いをつけつつ繁栄の時を迎え、いま高齢化に悩む――日立市という街は、近代日本の縮図のようなところがある。

そして今また、老朽化した巨大設備やインフラの保全という、日本に突きつけられた新たな重要課題が、この地で浮かび上がりつつある。まさか大煙突のように倒壊はすまいが、メンテナンスの難しい海上道路を今後どうしてゆくか、悩みは深そうだ。

D A T A

都道府県	東京都、千葉県、茨城県、福島県、宮城県
起　　点	東京都中央区
終　　点	宮城県仙台市
路線総延長	410.9km
現道実延長	379.8km
制　定　年	1952年

この6号バイパスのように海上にはみ出した国道としては、静岡市の大崩海岸を通る150号もあった。しかし、新日本坂トンネルが開通して国道はこちらに移り、海上区間は静岡県道416号に移管された。ただしこの県道は、災害によって長期通行止めが続いており、このまま廃道化しそうだ。

県道 14 茨城

国道になれなかった道（茨城県）

地方における「国道」の存在の大きさは、都会人にはなかなか感覚としてわからないところだと思う。四車線、六車線の道路が縦横に張り巡らされた大都市では、国道といえども多くの道の一つに過ぎない。たとえば環八や明治通りを知らない東京人はまずいないが、これらが国道かどうかなど、ほとんどの人は考えたことすらないのではないだろうか。

一方、どうしても車社会となる地方都市においては、国道は街の中心である。市街地を

茨城県道14号筑西つくば線（旧・下館筑波線）。沿線は、昭和のムードを色濃く残す

貫いて国道が通るのではなく、国道のあるところに市街地が出来上がるのだ。新たな国道が通れば、国から補助金が出て整備が進むから、大都市や近隣自治体とのつながりも強まるし、通過する利用者が金を落としてもくれる。

というわけで、地方の自治体にとっては、国道の有無が死活問題ともなる。このため、今も山間部などでは、「県道○○号の国道昇格を！」の立て看板をちょくちょく見かける。全国の国道や鉄道が通っていない自治体による「ないないサミット」が国に請願を行い、かなりの数の国道が生まれたこともあった。

というわけで新たな国道の指定は、しばしば政治的な駆け引きの場となる。あっちの道を入れろ、こっちの道は外せといったゴタゴタの痕跡は、地図に刻まれて後世に残ってしまうから罪深い。

国道四〇八号という道がある。道路地図でこの道を見てみると、奇妙なことに気づく。四〇八号は千葉県成田市から北上して茨城県つくば市へ達するが、ここでいったん姿を消す。ところが二十数キロメートル北の栃木県真岡《もおか》市で四〇八号は再び現れ、同県高根沢《たかねざわ》町まで続いている。どう見ても不自然な姿だ。

よく見ると、四〇八号が途切れている区間をつなぐように、一本の県道が延びている。この茨城県道一四号下館筑波《しもだてつくば》線（現・筑西《ちくせい》つくば線、以下本文では旧名で表記）は、本来四〇八号に組み込まれていたはずの道であった。国道昇格を逸したのは、実に下らない理由による。

下館筑波線が開通したのは古く、一八九二（明治二五）年のことだ。一直線で幅広なこの道は、当時としては画期的な造りであり、地元の大きな誇りともなった。

一方、国道四〇八号は一九八二（昭和五七）年に誕生する。この時指定されたのは、現在の四〇八号の南半分、つくば市～成田市の区間であった。一九八五（昭和六〇）年に筑波で開催される科学万博に備え、成田空港へのアクセス路を整える目的であった。

その数年後、問題の茨城県道下館筑波線及び、栃木県道真岡高根沢線の国道昇格運動が始まる。両者を四〇八号に組み込み、つくば市から宇都宮近郊をつなぐ計画であった。地元自治体はもちろん、茨城県もこれを強力に後押しし、建設省（当時）内でも昇格はほぼ確実とされていた。

しかしこのプランに、思わぬところから横槍が入る。昇格を阻んだのは、地元旧茨城三区選出で、当時道路調査会会長代理であった中村喜四郎《なかむらきしろう》だった。下館筑波線が通過する地域は、中村のライバルの強力な地盤であり、彼はこのエリアでほとんど得票できていなかった。このため彼は、陳情に来た地元議員をけんもほろろに追い返し、下館筑波線の昇格に強く反対した、とのちに朝日新聞が報じている。事実とすれば、実にみみっちい話だ。

結局この道は、約三〇年を経た今も県道のまま留め置かれている。新たな国道の指定はこの一九九三（平成五）年を最後に行われておらず、もはやその機会はないだろうともいわれる。下館筑波線は、国道昇格のラストチャンスを逃してしまったわけだ。そのためか整備も進まず、画期的といわれた道幅も、今の基準ではとうてい広い部類とはいえない。

　一方の栃木県道真岡高根沢線は、この時に予定通り国道四〇八号へ編入された。全国でも珍しい時速八〇キロ制限のバイパスが開通するなど、この区間は見違えるような姿に進化している。両者には、見事なまでに格差がついてしまった。

　こういうことを書いていると、筆者はどうも会社員時代のことを思い出してしまう。筆者は昇進というものに、とんと縁がなかった。大きな実績を挙げていたわけでもないし、自分には管理職にふさわしい能力もないとわかってはいたが、同期に次々に置き去りにされていくのは、やはり楽しいものではなかった。というわけで、今でもこの下館筑波線を通ると、条件反射で友がみな我より偉く見えた日々を思い出し、少々切ない気分になる。

　もちろん、昇進したら幸せというものでもない。下館筑波線も、国道昇格などしなかったおかげで、騒音や無駄な開発と無縁で済んだのかもしれない。筆者も結局別の道に歩き出す決意をし、今ここにいる。道も人も、何が本当によかったかは、ずっと後にならないとわからないのではないか、と思う。

D A T A

都道府県	茨城県
起　　点	茨城県筑西市
終　　点	茨城県つくば市
路線総延長	20.978km
現道実延長	20.978km
制 定 年	1969 年

一般国道の制限速度は長らく時速 60 キロまでと定められてきたが、近年 70 キロまたは 80 キロ制限の区間が認められることになった。70 キロ制限の区間は国道 2 号岡山バイパスや国道 25 号名阪国道など、80 キロ制限区間は国道 119 号宇都宮北道路や国道 1 号浜名バイパスに存在する。

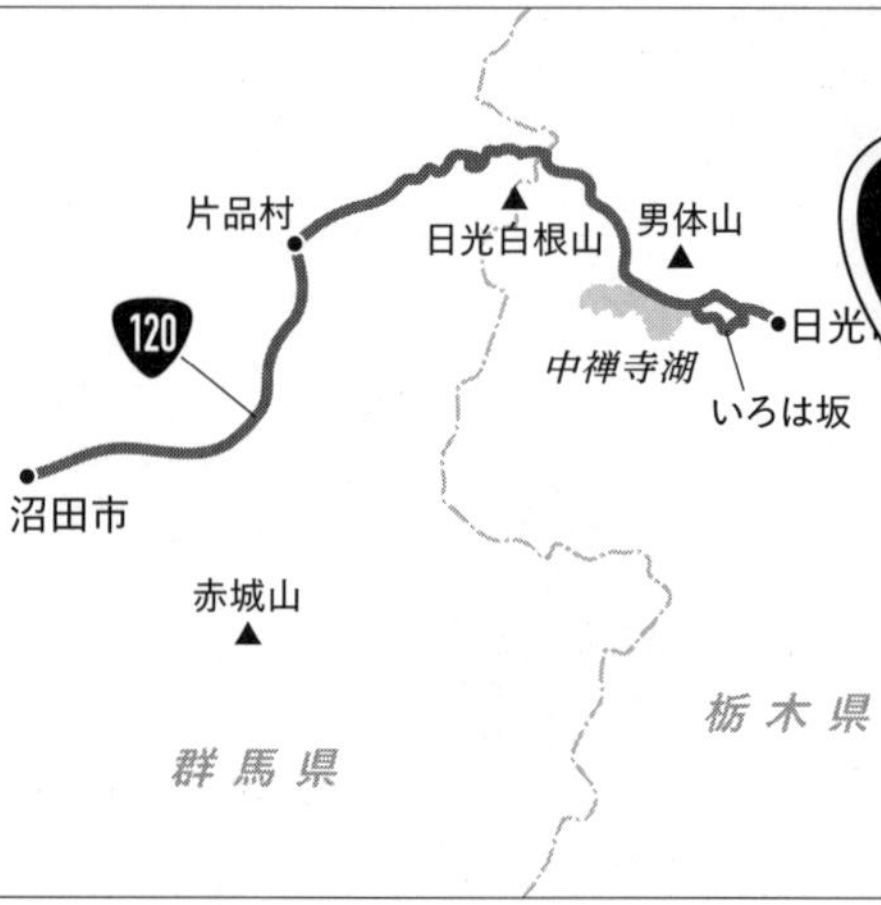

国道 120 ROUTE

日本一のつづら折り・いろは坂（栃木県・群馬県）

「九十九《つづら》折《おり》」「羊腸《ようちょう》」「蜿蜒《えんえん》」などなど、うねりくねった山道を形容する言葉は、数多い。山岳国家である日本には、その昔からこうした道が至る所にあった。多くの旅人が、山肌を蛇のようにうねりながら這い登る道を眺め、前途の厳しさにため息を洩らしてきたことだろう。

しかし現代の国道からは、「羊腸たる道」は徐々に姿を消しつつある。土木技術が進歩し、厳しい峠道に次々とトンネルが掘られて

厳しい山岳路の続く国道120号

いるためだ。狭く見通しの悪い山道に冷や汗を流しながら走り、転落の恐怖と闘いながら対向車とすれ違っていたあの峠が、数年後にはただ三〇秒ばかりアクセルを踏むだけで通過できるように変わっていたりする。技術の進歩とは何ともありがたいものと思う。

が、どうしてもくねくねの山道から脱却できない区間もある。日本で最も有名なつづら折り道路といえば、やはり日光いろは坂だろう。関東を代表する観光道路として知られ、ドライブガイドなどには必ず収録される道だ。国道一二〇号の一部でもあるので、整備費用は存分にあるはずだが、いまだ幾重にもカーブが連なる、厳しい山岳路のままでいる。

これは、この道路が道の一方だけ標高が高

く、他方は低い、いわゆる「片峠」であるためだ。この地形では、当然ながらトンネルの掘りようもない。

いろは坂は、男体山《なんたいさん》の麓《ふもと》から中禅寺《ちゅうぜんじ》湖畔まで、標高差約四四〇メートルを駆け上がる道路だ。そのルーツは、七八二（延暦《えんりゃく》元）年に、勝道上人《しょうどうしょうにん》が男体山に初登頂し、修行の場としたことに始まる。やがて男体山の別名からとって二荒山《ふたらさん》神社が建てられ、これが「にこう」と読み替えられ、さらにここに佳字を当てて、「日光」という地名が誕生したといわれる。いろは坂は、聖地へ登るための修行の道として造られたのだ。

江戸時代になると、近くに日光東照宮が造営され、五街道の一つとして日光街道が整備される。江戸期において、日光東照宮は現在でいうテーマパークにも似て、一生に一度は見ておきたい庶民の憧れであった。二荒山神社へも詣でる人が増え、坂道の途中に六軒もの茶店が店を構えるほどになる。難所に人が押し寄せる図式は、江戸時代から続いているのだ。

明治期には、中禅寺湖付近に各国大使館が別荘を建てるなどして、観光地化がいっそう進んでいく。大正期に入って、現在のいろは坂の原型になった道ができるが、車が通行するようになったのは昭和初期のことであった。「いろは坂」の名付け親は、日光登山鉄道の社員であった加藤彰《かとうあきら》氏らしい。四八あるカーブをいろは唄になぞらえ、各カーブに看板も設置された。高浜虚子《たかはまきょし》に師事した俳人でもあった加藤氏ならではの、卓抜したアイディアであった。

しかし当初のいろは坂は舗装もされておらず、幅は三～四メートル程度、とても多くの車の通行に耐えられるような道ではなかった。本格的な改修の手が入ったのは一九五二（昭和二七）年からで、二年をかけて完成を見た。しかし建設費用は二億円という莫大な額（大卒初任給が六〇〇〇円程度の時代）に達したため、この道は日本で二番めの有料道路に制定されている。これは、後に各地で造られる観光道路のモデルケースとなった。

この間、いろは坂は国道一二〇号の一部として国道指定を受けている。一一九号が宇都宮～日光、一二〇号が日光～沼田だから、つなげて一本の道にする手もあったはずだ。かつての日光街道と観光道路という、性格の違う道を一本にまとめるのは抵抗があったのだろうか。

モータリゼーションの時代を迎えると、いろは坂は再び手狭となる。かといって、急峻な斜面に造られたこの道は、拡幅にも限界がある。そこで、第二いろは坂を建設して上り専用とし、第一いろは坂は下り専用の一方通行路に変更する手段が採られた。上下線が完全に別になっている国道は、全国でも珍しい。

第二いろは坂の登場で、カーブの数は四八ではなくなってしまったのでは——と思いきや、実はそうではない。第一いろは坂は、改修によってカーブ数が減らされた。ここに、カーブが二〇ある第二いろは坂ができたので、第一いろは坂のカーブを二八ヶ所ということにし、トータルで四八ヶ所を保っている。確かに、ここも結構急カーブなのに番号がついてないの、と思うような場所もいくつかあったりする。

幼い頃、父にドライブに連れてこられた時は、いろはを数えながら走ることで、車酔いせずに、長い道中を楽しんで過ごせた記憶がある。「い」「ろ」「は」の看板は、厳しい山道という悪条件を訪れる者の楽しみに変えてしまったのだ。道路の愛称は数あれど、いろは坂はその最高傑作の一つに違いない。

D　A　T　A

国道
120
ROUTE

都道府県	栃木県、群馬県
起　　点	栃木県日光市
終　　点	群馬県沼田市
路線総延長	96.3km
現道実延長	96.3km
制　定　年	1953年

日光の寺社群の入り口である神橋の前で、119号とバトンタッチする形でスタート。中禅寺湖や戦場ヶ原付近を通り、標高1840mの金精峠を越えて群馬県へ抜ける、日本屈指の観光道路だ。四季それぞれに美しく、走りごたえも十分の、最高級のドライブコースでもある。

県道
9
栃木・群馬・埼玉・茨城

四県をまたぐ県道（栃木県・群馬県・埼玉県・茨城県）

「茨城県道14号」（60ページ）で書いた通り、「地元に国道が欲しい」というのは、地方においては非常に強烈な願望である。議員にとっては、「○○線の国道昇格を実現」というのは票につながるわかりやすい実績となるから、国道指定はしばしば政治的駆け引きの舞台にもなる。

多くの国道は、県道であった道が昇格する形で生まれるが、それにもいろいろと条件が必要となる。たとえば、多数の都市を結んで

次々と県境を踏み越える県道9号佐野古河線

いるというのは、重要なアピールポイントになる。県境をまたぐ県道などは、「国土交通整備の観点から重要である」といった理由がつき、真っ先に昇格の対象となりうる。

　ところが、いまだ国道になれない県またぎ県道もある。その最たるものが、県道九号佐《さ》野《の》古河《ふるかわ》線だ。この道、なんと栃木・群馬・埼玉・茨城の四県を結んでいる。三県にわたる都府県道ですら珍しい中、四県にまたがる県道は全国でも佐野古河線のみだ。

　スペックだけ見れば堂々たる大幹線と思えるこの道が、なぜ国道に昇格しないのか。実はこの道、四県を通るというからよほど長い道かと思いきや、全長がわずか一八キロメートルほどしかない。車なら三〇分もかからずに全線を走り切れる、非常に短い道なのである。

佐野古河線は、栃木県佐野市の市街地を出発した後、しばらくはごく普通の道が続く。妙なことになるのは、栃木・埼玉・群馬の三県が接する谷中湖《やなか》の付近だ。このあたりで、道はまっすぐに走っているのだが、県境の方がやたらに入り組んでいるのだ。標識などを見る限り、栃木―群馬―埼玉―群馬―栃木―埼玉と、ほんの五キロメートルほどの間に五度も県境を踏み越える。が、地図を細かく見ると、実際にはもっと何度も県境を越えているようだ。そのくらいこの付近の県境は、複雑怪奇な状況を呈している。

道は国道三五四号に突き当たって終わっているように見えるが、実は国道と重複してまだ続き、渡良瀬《わたらせ》川を渡って茨城県に入った後に再び分離独立して、古河市中心部で終了する。わずかの間に四県を通過するのは、こういう特殊事情のためなのだ。トラックがひっきりなしに行き交う、交通量の多い道ではあるが、独立した国道にするほどの長さでもないため、今も県道に留め置かれているのだろう。

それにしても谷中湖付近の、異常に込み入った県境は何なのであろうか。実はこの地は、日本の近代史における汚点ともいうべき事件に関わっている。

現在谷中湖となっている場所には、かつて谷中村という四五〇戸ほどの小さな村があった。文字通り谷の中の村で、渡良瀬川に思川《おもい》・谷田川《やた》・巴波川《うずま》などがここで合流するため、洪水の多い場所でもあった。付近の複雑な県境は、かつて大きく蛇行していたこれら河川の流路に沿って決められたものなのだ。

この渡良瀬川の遥か上流にあるのが、足尾銅山だ。江戸初期に発見されて以来銅鉱石の採掘が行われてきたが、明治に入って民間に払い下げられた。ほどなく大鉱脈が発見され、足尾銅山は日本の銅生産の約四割を占めるまでになる。

しかし鉱業の発展は、大きな副作用を伴っていた。重金属など鉱毒を含む水が、大量に渡良瀬川に流されたのだ。あたりの山も鉱山からの排煙によって禿山となり、しばしば洪水を引き起こすようになった。鉱毒によって渡良瀬川での漁は不可能になり、下流の田畑は荒れ果ててゆく。汚染は四県八三町村の五万ヘクタールに及び、被害者は三〇万人、死者・死産は一〇〇〇人を超えたとされる。

明治政府がとった対策は、谷中村を廃村とし、ここに貯水池を造るというものであった。表向きは治水対策ということだったが、実際の狙いはここに鉱毒を沈殿させ、除去するためであった。このため、政府は谷中村の住民に苛烈な追い出し工作を行い、堤防の破壊など実力行使さえ辞さなかった。この間、一九〇一（明治三四）年には、田中正造《たなかしょうぞう》が明治天皇に直訴するという有名な事件も起きたが、政府の方針を変えるには至らなかった。最終的に民家は全て強制破壊され、為政者による数々の不祥事の痕跡と共に、村は貯水池の底に沈められた。

それから一世紀以上が過ぎた現在、周辺にはゴルフ場がいくつも造られ、湖ではカヌーやヨットなどウォータースポーツが盛んに行われている。野鳥や絶滅危惧種の植物も多く、二〇一二（平成二四）年にはラムサール条約にも登録された。鉱毒の溜まる地として、宅地開発の手が及ばなかったことが、皮肉にも谷中湖を自然の楽園に変えたのだ。

今では湖畔に保存された史跡の他、谷中村の悲劇を偲ばせるものは残っていない。佐野古河線も多くの大型車が走り抜ける快適な道に整備され、蛇行していた川の流路もまっすぐに整理された。入り組んだ県境線だけが当時のままに残り、谷中村と明治日本の苦い歴史を、静かに物語り続けている。

D A T A

都道府県	栃木県、群馬県、埼玉県、茨城県
起点	栃木県佐野市
終点	茨城県古河市
路線総延長	18.2km
現道実延長	18.2km
制定年	1954年

佐野古河線は、国道354号と重複して三国橋を渡り、茨城県へ続いている。この下流には、すでに国道354号の一部として新三国橋が開通している。現在、周辺の道路状況はややわかりづらく、将来整理が行われるかもしれない。

国道
17
ROUTE

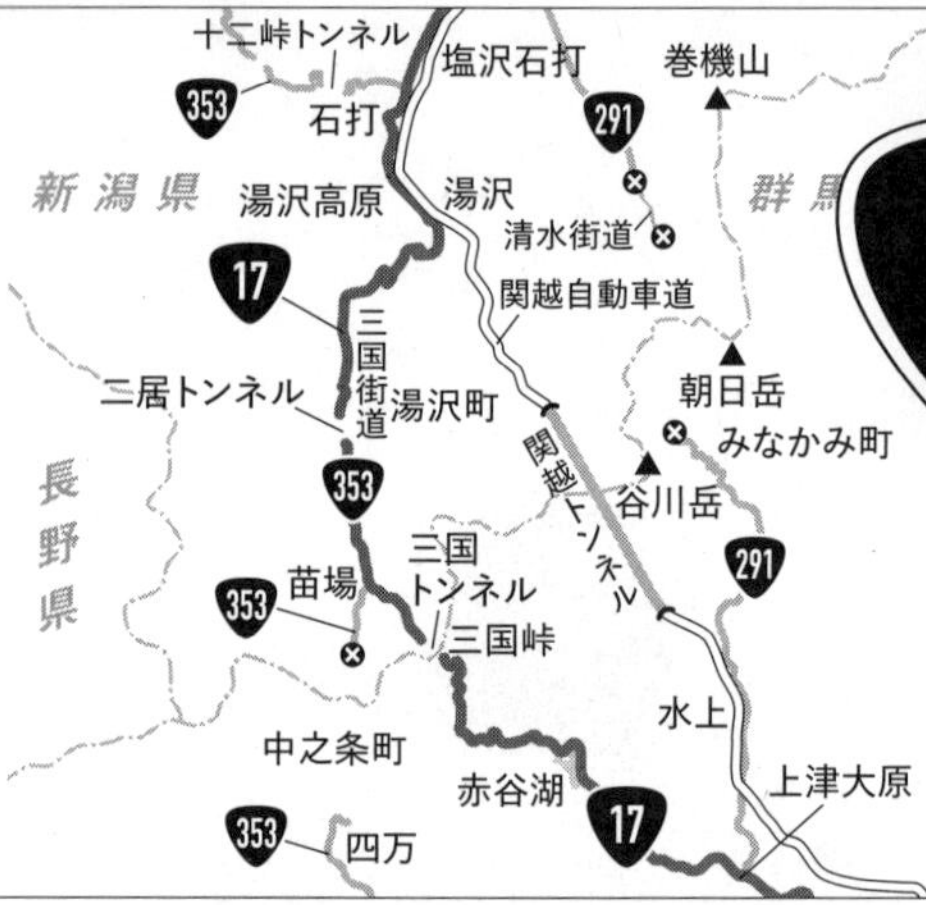

「魔の山」を越える国道（群馬県・新潟県）

筆者は自分の車で、これまで約三二万キロを走ってきた。もし、その中で最も感動的だった体験は何かと聞かれたなら、国道二九二号渋《しぶ》峠（群馬〜長野県境）でのドライブを挙げたい。長野県側で、篠突《しのつ》く雨の中をやっとの思いで登り切り、峠を越えて群馬側に出た途端、そこには真っ青な夏の青空が広がっていたのだ。山を越えて天気が変わることはままあるが、峠一つであそこまで鮮やかに天候が切り替わる体験は、あれが初めてであった。

2022年3月に開通した新三国トンネル
（tenjou / PIXTA（ピクスタ））

「歴史の分水嶺」「今夜が峠」といった表現は本当なのだな、と改めて思い知った次第であった。

山という存在は、それだけで広い範囲の気候を大きく変えてしまう。冬場、大陸から吹き寄せる季節風は、日本海からたっぷりと水蒸気の供給を受け、日本の脊梁山脈にぶつかる。上空に持ち上げられて冷やされた水蒸気は、雪となって降り注ぐ。本州日本海側が、世界有数の豪雪地帯であるのはこのためだ。一方太平洋側には山を越えて乾いた空気のみが到達し、冬場はからりと晴れた日が続く。同じ国とは思えぬほどの気候のコントラストは、列島の中心に居座る山脈の存在によってもたらされているのだ。

幕末の越後長岡藩《えちごながおかはん》の家老・河井継之助《かわいつぎのすけ》の生涯を描いた小説『峠』（司馬遼太郎著）には、苦労して峠を越え、江戸に出た主人公が冬の江戸の真っ青に晴れた空を見、息を呑んで感動する描写がある。鉛色に閉ざされた空、隣家に行くにも苦労するほどの積雪、何を生産するわけでもない雪下ろしの労働を強いられる新潟の人々には、このシーンは多大な共感をもって読まれたことだろう。都への道を閉ざし、膨大な雪をもたらす、この越後山脈さえなければ――とは、古今の新潟人が、一度は必ず思ったことであるに違いない。

当然ながら、気候の差は各種産業のあり方や住民の人となりにも影響を及ぼし、歴史の流れさえも変えてしまう。たとえば越後を根拠地とした上杉謙信《うえすぎけんしん》は、生涯に十数回も関東遠征を繰り返したが、結局関東攻略は成ることなく、四八歳で世を去っている。謙信が通ったのは、現在国道一七号となっている三国峠《みくに》と、同二九一号になっている清水峠《しみず》だといわれている。両峠の間にそびえるのは、遭難死者数世界一という「魔の山」谷川岳だ。勇将謙信にとっても、峻険な山道と深い雪は、あまりに重すぎるハンデだったのだろう。

しかし戦国期が終わると、江戸の防衛のために清水峠は閉鎖され、三国峠のみが街道として利用されるようになる。

明治に入り、この越後山脈を越える道が開削される。選ばれたのは、三国峠ではなく清水峠ルートだった。トンネル二ヶ所、橋梁一六六ヶ所、全線で馬車がすれ違える幅が確保された、当時としては画期的な高規格道路であった。一八八五（明治一八）年に行われた開通式には、北白川宮《きたしらかわのみや》親王や山県有朋《やまがたありとも》も臨席したというから、その力の入りぶりがわかる。

しかし、この国家的プロジェクトで完成した道路が機能したのは、わずか数年のことであった。降雨による地すべりが繰り返し発生し、ついには荒れてゆくままに放置されてしまったのだ。

長く諦められていた越後山脈越えの道路を、実現に導いたのはやはりあの男、田中角栄であった。彼が選挙に初出馬した際には「三国峠をダイナマイトで吹き飛ばし、新潟に雪を降らなくする」とぶち上げ、地元民の心をがっちり摑んだという。一九五二（昭和二七）年に指定された国道一七号（東京〜新潟）の経路策定にも角栄は大きく関与し、三国峠にトンネルを掘るルートを決定した。

悲願の三国トンネルが開通したのは、一九五九（昭和三四）年のこと、一級国道としては最後に開通した区間であった。その後、この付近で二九一号、三五三号、四〇一号、四〇五号などが国道指定を受けたものの、いずれも車道は開通しておらず、一七号三国峠は越後山脈を越える唯一の国道であり続けている。

その三国トンネルが、細くなってきているという。当初幅六メートルで建設された同トンネルだが、半世紀以上改修工事を重ねた結果、幅が五・五メートルにまで縮小し、大型車が内壁をこする事故が相次いでいるのだ。そこで、これに代わる新三国トンネルが現在建設中だが、豪雪地帯であるために工事は難しく、開通時期は未定であるという。三国峠というところは、どこまでも難所なのだ。

道路の建設は大事業ではあるが、地図上では細い一本の線に過ぎない。一代の大権力者の力と、格段に進歩した現代の土木技術をもってしても、峠を吹き飛ばすには程遠く、山の横腹に数個の小さな穴を開けるのがせいぜいだ。雄大な自然の前に、人類の力の小ささを思わずにいられない。

DATA

国道 17 ROUTE

都道府県	東京都、埼玉県、群馬県、新潟県
起点	東京都中央区
終点	新潟県新潟市
路線総延長	463.4km
現道実延長	286.5km
制定年	1952年

各地で幹線道路として機能しており、土地ごとに様々な名で呼ばれる。都内の中央通りや白山通り、埼玉県内の中山道、埼玉～群馬県内の上武道路、群馬県～新潟県の三国街道などは、いずれも国道17号の別名だ。長岡市以降は国道8号と重複し、新潟市中心部で終点となる。

追記：

新三国トンネルは二〇一九年に貫通、二〇二二年三月に供用開始となり、太平洋側と日本海側を結ぶ新たな大動脈として稼働を始めた。これと同時に旧三国トンネルは閉鎖され、六三年にわたった役目を終えている。

Column 2　欠番の謎

現在、国道は507号まで指定されているが、実は欠番がある。当初、国道には一級と二級の区分があり、前者には1～40号、後者に101号以降の番号がつけられた。その後、二級国道の中から重要性を認められて一級に昇格した路線があり、これらには41～57号の番号が振られた。さらに、沖縄の日本返還の際に58号が制定されたが、59～100号は使用されることなく現在に至っている。

また、二級国道から一級国道への昇格によって空いた番号は、新しい国道を指定する際に使われて穴埋めされた。たとえば千葉～水戸間は当初国道123号だったが、この道は1963（昭和38）年に国道51号へと昇格し、代わって宇都宮～水戸間が国道123号に指定されている。しかし、109～111号、214～216号はなぜか穴埋めが行われず、欠番のまま残ってしまった。これらが埋まることは、今後もなさそうだ。

一方、首都高速道路では8号が事実上の欠番となっている。8号は京橋ジャンクションから東銀座ICまでのわずか100メートルのみであるため、便宜上都心環状線の一部として表示されている。また、「B」で表記される首都高速湾岸線との見間違いを防ぐ意味もあるようだ。

首都高速の埼玉県区間はS1～S5があるが、S3とS4は欠番だ。これは、首都高速5号に接続している道を、混乱防止のためにS5としたためで、S3とS4の建設予定はない。また神奈川県区間K4は、建設予定の磯子線にあてられるはずだったが、付近に別の道路ができたため、開通の見込みはほぼなくなっている。

Column 3 「国道」という名の鉄道駅

「国道」と名のつく駅が、全国に二つある。JR鶴見《つるみ》線にあるのは、そのものズバリの「国道」駅（神奈川県横浜市）。そして阪急今津《いまづ》線には「阪神国道」駅（兵庫県西宮《にしのみや》市）がある。

国道駅は、第一京浜国道（国道15号）との交点にあることからこの名がある。首都圏では数少ない無人駅で、付近は横浜市内とは思えぬほど開発が進んでおらず、昭和ムードの高架下には米軍による機銃掃射の跡まで残存している。ちなみに、駅付近で唯一営業している居酒屋「国道下」は、国道マニアの飲み会によく使われる「聖地」であった。

一方の阪神国道駅は、やはり阪神国道（現在の国道２号）に面している。こちらも昭和初期の開業で、改札口の橋脚などに当時のムードが残っている。この駅、名前こそ阪神とつくが、阪急今津線の駅なのでややこしい。ちなみにかつては、阪神電鉄が運営する路面電車「阪神国道線」が、阪神国道上を走っていたというからさらにややこしい。

ややこしいついでにいえば、大阪〜神戸間の国道２号は「第一阪神国道」と呼ばれる。これに並走する新しい国道は「第二阪神国道」（国道43号）だ。「いちこく」が国道２号で「にこく」が43号だから、しばしばこれらは混乱の元になる。

実は東京でも、先にできた国道15号が「第一京浜」、バイパスとして後から建設された国道１号が「第二京浜」だ。東京や神奈川の人が「いちこく」といえば15号だが、静岡あたりでは１号を指すので注意が必要だ。

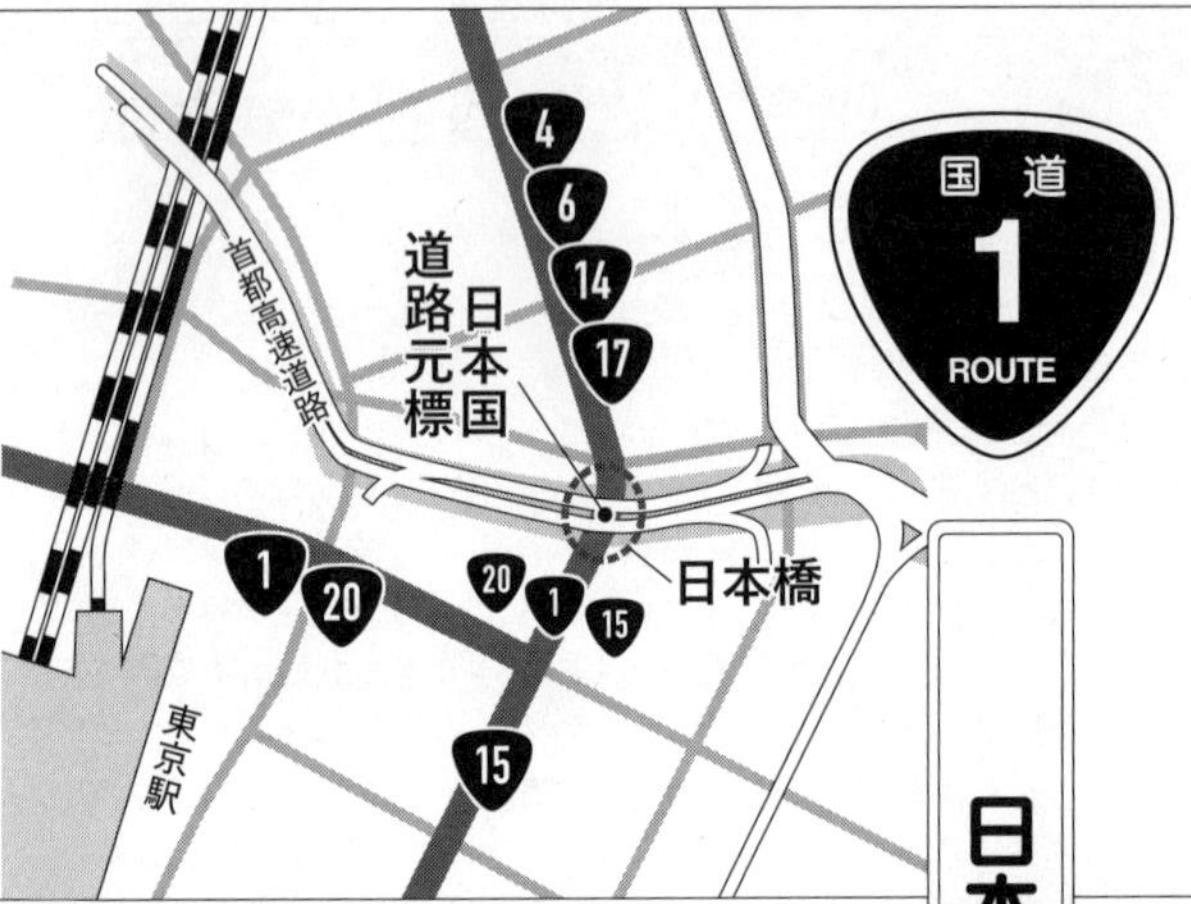

日本橋の小さな空（東京都）

ファンやマニアと呼ばれる人たちにはそのジャンルごとに、一度は訪れておくべき「聖地」というものがある。アビーロードの横断歩道を訪れるビートルズファンは今も絶えないし、新撰組のファンは京都・池田屋《いけだや》跡地の居酒屋で一杯やるのが定番だと聞く。横浜のラーメン博物館などは、世界中からラーメンファンが押し寄せるというから、「聖地」の吸引力は実に偉大なのである。

さて国道の世界における聖地はどこかとい

首都高速の間から顔を出す東京市道路元標のレプリカ

えば、やはり東京・日本橋《にほんばし》である。国道一号（～大阪市）、四号（～青森市）、六号（～仙台市）、一四号（～千葉市）、一五号（～横浜市）、一七号（～新潟市）、二〇号（～塩尻市）の七幹線国道がこの地を起点としており、これだけでも聖地の資格は十分すぎるほどだろう。

　日本橋の地が、我が国の道路の総元締めとなったのは、四〇〇年以上も前のことだ。関ヶ原の戦いを制して天下人となった徳川家康《とくがわいえやす》は、早速街道の整備に着手する。彼は東海道、日光街道、奥州街道、中山道《なかせんどう》、甲州街道の五街道を、幕府直轄の道と決め、一六〇四（慶長九）年には日本橋をこれらの起点と定めた。

　当時の日本橋は、葦《よし》の生い茂る浜辺であっ

橋のたもとに設置された日本国道路元標のレプリカと東京市道路元標

たところを埋め立て、街として整備されたばかりであった。しかし、海運によって物資が運び込まれるこの地は、すぐに流通・経済の中心地として成長していく。やがて三井《みつい》越後屋呉服店（後の三越）、白木屋《しろきや》（後の東急百貨店）なども軒を連ね、江戸で初めての歌舞伎座も開かれるなど、商業・文化の面でも開花する。日本橋の名は、まさに日本の中心として与えられた地名なのだ。

明治に入ると、初めて近代的な国道が制定される。都市間を結ぶ現代の国道と異なり、明治国道はほぼ全て日本橋が起点とされた。こんなところにも、中央集権国家構築の意図が見て取れるようだ。

日本橋の路傍には、風格ある佇まいの「東

京市道路元標」が立てられた。東京市の消滅後は、道路の中央に円形の「日本国道路元標」が設置されており、全国道路網の中心であることを高らかに宣言している。
日本橋自体も、美しく改装された。江戸期の日本橋は木造であったため、何度も火災に遭って焼け落ちている。そこで明治に入ってから、立派な石造りの橋に架け替えられた。現在の日本橋は、一九一一（明治四四）年に完成したもので、家康時代から数えて二〇代目に当たる。

この歴史と伝統ある日本橋に、大きな変化が訪れるのは一九五九（昭和三四）年のことだ。この年、東京オリンピックの開催が決定したため、都内は早急な道路整備が求められることとなったのだ。首都高速開通に残された時間は、わずか五年ほどに過ぎない。用地の買収交渉などしていてはとうてい間に合わないため、既存の道路や河川上空の空間を活用する他ない。日本橋の架かる日本橋川も、その対象となった。こうして五輪の前年に日本橋の首都高は完成し、現在我々が知る風景が出来上がったのだ。

この日本橋をまたぐ首都高の高架が、景観を損ねているという指摘は数多くなされてきた。二〇〇五（平成一七）年には当時の小泉《こいずみ》純一郎《じゅんいちろう》首相が、日本橋の首都高移設検討を命じたことは記憶に新しい。確かに戦前の日本橋の写真と見比べると、現状は無粋という他ないのは事実だ。

しかし、この問題で最も悩んだのは、首都高建設に携わった技術者たちであった。当然ながら、道路・橋梁のプロである彼らにとっても、日本橋は最大の聖地だ。そこを踏みつけにするかのような道路の建設は、冒瀆《ぼうとく》とも思えたことだろう。

そこで、様々なアイディアが検討された。日本橋川を干拓し、川床に首都高を通す案も出されたが、これは河川管理の都合から却下された。神田川《かんだがわ》の支流である日本橋川を止めてしまえば、豪雨の際に大洪水となる可能性が指摘されたのだ。

結局、首都高は高架で日本橋川の上空に建てられたが、ここでも可能な限りの配慮がなされた。走行性、耐震性を確保しつつ、景観もできる限り損なわぬように、柱と桁には特殊な構造が採用された。このため、現地測量、工場での製造、現場での施工に至るまで、極めて精度の高い作業が実施されている。

日本の道路の原点、貴重な文化財たる東京市道路元標も、当然移設などするわけにいかない。そこで上下線をわざわざ左右に分離して元標を避けるという、他ではほとんど見られない設計が行われた。この隙間に踏ん張るように元標のレプリカを設置し、首都高を走る車からも、元標の位置を視認できるようにしている（87ページ写真）。
もし日本橋を通る機会があったら、ぜひ上空を見上げてみてほしい。高架の隙間の狭い空からは、技術者たちの意地と誇り、四〇〇年の歴史に対する精一杯の敬意が、確かに見て取れるはずだ。

追記：
後述のように、日本橋の首都高は地下化が決定された。この状態を拝めるのはあと数年と思われる。

Column 4 道路元標

道路元標は日本橋だけでなく、かつては各自治体に設置されており、距離を測る際の基準点となっていた。道路元標は高さ60センチほどの頭が丸い直方体で、自治体の中心となる交差点に置かれた。残存しているものは少ないが、これらを探して回るマニアも存在する。

長野県高遠町（現・伊那市）の道路元標

都環 C1

日本橋の首都高地下化（東京都）

前項で、日本橋の道路元標について取り上げた。日本橋は、徳川家康の時代に定められた、日本の道路の原点だ。しかし一九六四（昭和三九）年の東京オリンピックの際、突貫工事で首都高速道路を造る必要に迫られ、日本橋に覆いかぶさるような形で高架道路が建設されてしまった。しかし技術者たちは日本の道路の原点に敬意を払い、道路元標を避ける形で道路が造られた、という内容だ。

この日本橋の美観を損ねている首都高を撤去せよという議論は、何度も繰り返されてきた。二〇〇一（平成一三）年には国土交通大臣であった扇《おおぎ》千《ち》景《かげ》氏が「日本橋の景観を一新する」として、検討委員会を設置した。また二〇〇五（平成一七）年には小泉純一郎首相（当時）が、日本橋の首都高の地下化検討を指示し、識者による「日本橋川に空を取り戻す会」が設置されたが、首相の退任後はこの話も沙汰止みとなっ

首都高速に覆い隠された日本橋川

た。

ところが二〇一六（平成二八）年になり、久々にこの問題に関して動きがあった。一月五日の日本経済新聞に、「東京・日本橋の首都高高架　特区使い地下化」と題した記事が掲載されたのだ。これによれば、首都高都心環状線の竹橋《たけばし》〜江戸橋《えどばし》両ジャンクションの間、約二・九キロメートルを地下トンネル化するとし、都市計画決定の手続きに入るという。その費用は、約五〇〇〇億円と試算されている。

今のところ、他メディアで大きく扱われていないので、この件への国民の関心は高くないようだ。しかしその費用たるや、大問題となった新国立競技場の二倍にも及ぶのだから、もっと目を向けられてよい話だろう。

　日本橋を覆い隠す首都高の高架は、確かに無粋であるには違いない。そして海外に目を向ければ、高架道路の撤去によって景観を取り戻した例はいくつもある。たとえば韓国・ソウル市では、暗渠となっていた清渓川《チョンゲチョン》を覆う高架道路を撤去し、かつての川を復元した。また米国ボストン市では、街を大きく分断していた高速道路を地下化する「ビッグディグ計画」を行い、市民の憩いの空間を作りつつ、渋滞の大幅緩和に成功した。ソウルやボストンでできたことが、東京でできぬはずはない、ということだろう。

　だが、筆者はこの首都高地下化は大いなる愚策であると思う。首都高の老朽化に伴う再整備の際、安全性や渋滞対策のために地下化がベストの方策だというのなら納得もしよう。しかし、問題はただ景観だけのことだ。ドライバーにとっては、地下トンネルは圧迫感があるため心理的負担が大きい。火災の際の危険なども考えると、安全性の面からはむしろマイナスだろう。そして、竹橋〜江戸橋間に通常の改修を施すだけであれば、費用は一四〇〇億円程度で済むという。

「日本橋川に空を取り戻す会」の提言によれば、民間からの資金や、設計段階におけるコスト縮減の努力により、追加で必要な事業費は一〇〇〇億～二〇〇〇億円程度に抑えられるとしている。しかし東京オリンピックの例を引くまでもなく、こうした事業費は計画より膨れ上がるのが常だ。ボストンのビッグディグ計画でも、当初二二億ドル程度と見積もられていた費用は、最終的には一五〇億ドル近い額に達し、大いに批判を浴びた。

また、全国津々浦々に高速道路は走っており、景観を損ねているのは何も日本橋ばかりではない。たとえば世界遺産である五箇山《ごかやま》（富山県）の合掌造集落付近には、東海北陸道の橋脚が威圧的に張り出し、大いに風情を損ねていると筆者の目には見えたが、これを撤去せよという声は寡聞にして知らない。にもかかわらず、目の敵にされるのはいつも日本橋ばかりだ。あの付近の不動産を持つ者の力でも働いているのでは、というのは下衆《げす》の勘ぐりだろうか。もしどうしても日本橋に空を取り戻したいなら、首都高の高架などより遥かに高くそびえ立っている、周辺のビル群を全て破壊するのが先ではないですか、と皮肉の一つも言いたくなる。

今の日本にとって、五〇〇〇億円は大金だ。たとえば現在、国立大学の授業料が大幅に値上げされようとしている。これは貧富の差の固定につながる危険な施策と思うが、五〇〇〇億円をここに投じれば、何万という若者に、未来を摑み取るチャンスを与えることにもなろう。

もちろん国土交通省の管轄内でも、なすべきことはいくらでもあるはずだ。震災からの復興、逆走などの事故防止システム、老朽化したインフラの修繕などに、限られた資金は回すべきと思う。

車の行き交う高架は美しくはないかもしれないが、力強い都市のエネルギーを感じさせる姿でもある。日本橋の首都高は、昭和の平和と繁栄のモニュメントとして、この姿のまま保つべきではないか、と筆者は思う。

追記：
結局この区間の首都高は地下化されることが決定し、二〇二一（令和三）年に工事が開始された。事業費は約三二〇〇億円、完成は二〇四〇年を見込んでいるが、地下鉄などが多いエリアなので難工事が予想され、この通りにいくかどうかは不明だ。急勾配となるので、渋滞の発生も懸念される。世紀の愚策とならぬことを祈るのみだ。

国道
246
ROUTE

謎の永田町バイパス（東京都）

最近のテレビ局は、午後から夕方にかけて、昔のドラマの再放送ばかり流しているようだ。一番低コストで、そこそこの視聴率を稼げるからなのだろう。新しいものを懸命に作っても全く売れず、古いものに頼るしかない時代を象徴しているようで、何か物悲しさを覚える。

そうして五年ばかり前のドラマを見ていると、世の中はそう変わっていないようでいて、実は結構あちこち変わっていることに気付か

国道246号永田町バイパス。直進せずに左に折れて、自民党本部のある平河町を目指す

される。携帯電話や家電製品などはもちろん、女性の化粧や髪型、流行り言葉や政権政党に至るまで、何もかも変わっている。五年という時間は短いようでいて、やはり長いのだ。

変わっていないようで大きく変わっているのは、道路も同じだ。筆者のカーナビは五年ほど前に買ったものだが、最近はずいぶん実際の道との相違が目立つようになってきた。新しい高速道路を走る時など、どこを走っているかナビが把握できず、オタオタしているのがおかしかったりもする。

道路の変化の最たるものといえば、バイパスの開通である。既存の道路の道幅が狭く通行が不便なとき、あるいは渋滞が酷いときなど、これに並行する形でより広い道路を建造するものだ。バイパスが完成すると国道はこちらに移り、旧道は県道や市道に降格するのが、道路のダイナミズムというものだ。新旧の地図を見比べて、こうした道路の移り変わりを確かめるのは、マニアにとってのちょっとした楽しみである。

そんなわけである日地図を眺めていたところ、都心の永田町《ながたちょう》に、数年前までは存在しなかった国道二四六号のバイパスが、突如出現しているのを発見した。道路の建設余地の少ない都心に、いきなり新しいバイパスができることはまずない。ましてこの永田町バイパスの場所ときたら、国会議事堂、首相官邸、内閣府などが立ち並ぶ、日本国の心臓部ともいうべき一帯だ。こんなところに、新規に道路が造れるはずもない。

調べてみたところこの永田町バイパスは、二〇〇六（平成一八）年四月一日に、もともと都道であった道を国道二四六号の枝線として指定したものとわかった。新規建設でなく、既存の道をバイパスとして国道に組み込むのは異例に属する。確認してみると、市販の道路地図のうち、この永田町バイパスが国道として描き込んであったのは一社の地図のみであった。ほとんどの地図メーカーさえ気づかぬうちに、いきなり国道ができていたわけだ。

ということで、現地に足を運んでみた。国道二四六号本線の平河町《ひらかわちょう》交差点から分岐し、国会図書館のある交差点で右折する。ここからバイパスは、国会議事堂の裏側をまっすぐに進み、内閣府の横の坂を下って特許庁前まで続いている。歩道には様々なプラカードを掲げた人が座り込んでいるし、首相官邸には要人を乗せているらしい黒塗りのリムジンが、厳しいチェックを受けつつ出入りしている。あちこちに警察官が並んでいて、実に物々しい雰囲気だ。二〇一五（平成二七）年夏には、安保法案反対のデモ隊がこの付近の道を埋め尽くしたことは記憶に新しい。

途中には国道の標識も立てられており、確かにこの道の管理者は東京都から国へ移っているようだ。しかし現地の様子からは、この道を国道とすべきはっきりした理由は見えてこない。

理由がわからなければ、聞いてみるしかない。この道を管理する東京国道事務所に問い合わせてみたところ、返ってきたのは「三宅坂《みやけざか》の渋滞解消、国会議事堂及び首相官邸へのアクセス向上が目的」という通りいっぺんの返事であった。

だが、この道を国道指定しても別に三宅坂の渋滞とは関係ないし、特別に国会議事堂や首相官邸へのアクセスが便利になるわけでもない。渋滞解消のためなら道は一直線であるべきだろうに、わざわざ途中で曲がっているのは何なのか。

そこで地図をもう一度よく見たら、永田町バイパスが折れ曲がった後、二四六号本線と交わる平河町交差点には、自民党本部があることに気づいた。折れ曲がらずに一直線に行くと、たどり着くのは民主党本部（現：立憲民主党本部）のある隼町交差点である。

つまりバイパスが途中で折れているのは、自民党本部から首相官邸を結ぶ道を国家の管理に置くため、と見える。実に意味ありげである。ちなみにバイパスが国に移管されたのは、小泉政権末期の頃だ。何か有事の際を想定したものなのか、あるいは道の地下に何か埋めてあったりして、などと妄想も膨らんでしまう。

永田町バイパス移管当時に官房長官だった安倍晋三《あべしんぞう》氏こそ、この道を最もよく利用し、その意義を最もよく知っている人だろう。いったいなぜこの道を国道にしたんですかと聞いてみたいが、妙なことを探って追手でも差し向けられたら困るので、このへんにしておくことにするのである。

D A T A

都道府県	東京都
起　　点	特許庁前交差点
終　　点	平河町交差点
路線総延長	1.1km
現道実延長	1.1km
制 定 年	2006 年

新規にバイパスが開通すると、旧道はすぐ国道指定を外されるのが普通だが、埼玉県の国道 17 号のように新旧 2 本が並走したまま残るケースもある。場所によっては本線から浮いた形で別線が残っているところもあり、共同溝の管理などの都合によるものと思われる。

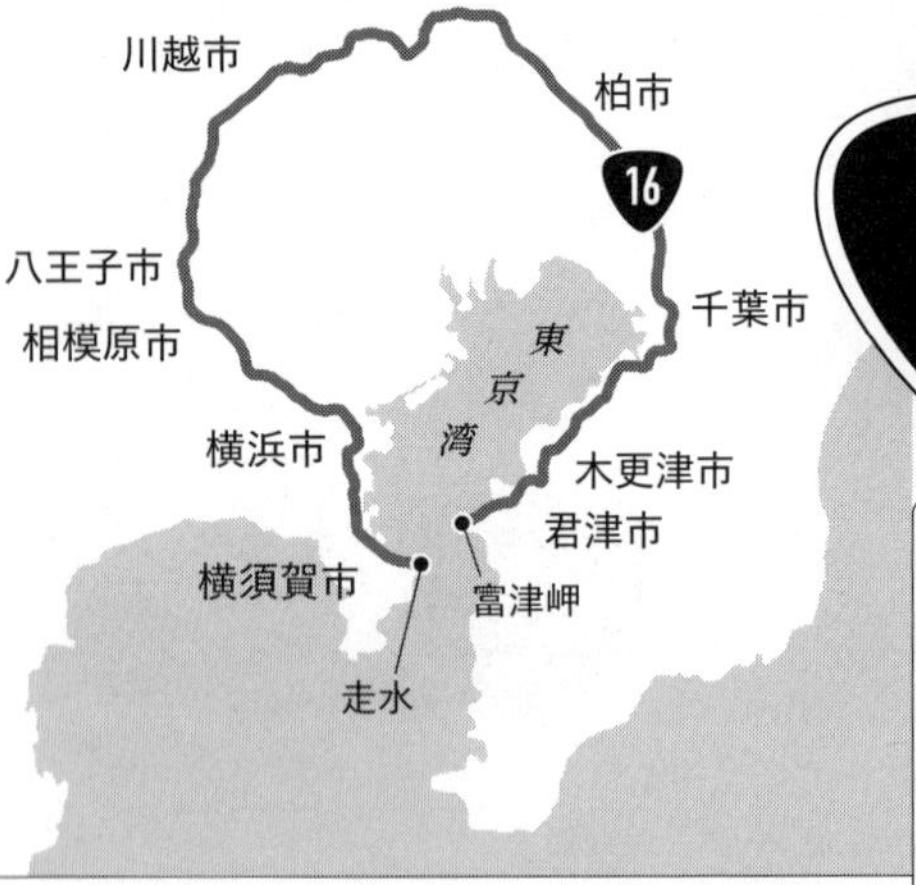

国道
16
ROUTE

東京湾に消える道（神奈川県・東京都・埼玉県・千葉県）

山田《やまだ》風太郎《ふうたろう》の『人間臨終図巻』（徳間文庫）が好きだ。古今東西、あらゆるジャンルの有名人の最期を集めた本で、あの偉人はこんな亡くなり方をしたのか、と驚くような話が満載だ。我々は有名人が輝いた時期は知っていても、ひっそりと人生を終える姿を知る機会は、ほとんどない。そして誰にも生の終わりが訪れることを、この本は改めて深く考えさせてくれる。

始まりがあり、終わりがあるのは何も人の

国道16号、走水終点。奥の横断歩道までが16号、その先は県道

一生だけではない。一本の道路にも、始めと終わりは必ずある。一本の国道を始めから終わりまで通して走ってみると、近所のこの道はこんな遠くにまで延びていたのかとか、あの大幹線道路がこんな細い道になってしまうのかとか、意外な発見が必ずあるものだ。

国道一六号は、中でも印象深いケースの一つだ。この道は千葉、柏、さいたま、川越《かわごえ》、八王子《はちおうじ》、相模原《さがみはら》、横浜など東京の衛星都市を結んで走り、首都圏で車を持っている人なら、まず世話にならないわけにはいかない大幹線道路だ。

この道がどこでどのように終わるか、ご存知の方はほとんどいないのではなかろうか。実は一六号は、誰も気づかないようなひっそりとした場所で、溶けるように消えるのである。

国道一六号は、東京環状道路の別名に反し、完全な環ではない。東側は千葉県の富津《ふっ》岬で、西側は横須賀市の外れの走水《はしりみず》というところで、いずれも東京湾に行き当たって途切れている。ただし法律上は、東京湾上の目に見えない「海上区間」によって両末端が結ばれ、環状になっているという建前だ。起点・終点も富津と走水ではなく、形式上は横浜スタートで横浜終了ということになっている。

さてその実質的起点である、富津側はどうなっているか。千葉から木更津《きさらづ》にかけて一六号は片側二車線で、幹線道路としての風格を保っているが、君津《きみつ》市に入って突然裏道に入り込む。今までの立派なバイパス道路からうって変わり、どこにでもある平凡な道路に成り下がる。これまで路側を埋めていた大型ロードサイド店や工場は姿を消し、ただ民家のみが並ぶ。時折現れるおにぎり型の標識がなければ、本当にこれが天下の一六号なのかと不安になるような道だ。

走ること数キロ、見た目上の終点である富津市富津交差点にたどり着く。パン屋と自転車屋が向かい合っただけの、小さな交差点だ。道自体はまだ続いているが、ここから先は千葉県道二五五号と名が変わる。国道一六号がここで終わることを示すものは特に何もなく、よほど注意していなければ、気づかずに通り過ぎてしまうことだろう。

横須賀側も、状況はこれと瓜二つだ。裏道に入り込んで徐々に細い道となり、走水の小さな三叉路で後を県道に譲る。スター選手がいつの間にか二軍落ちし、ひっそりと引退していたような感じで、何やら切ない姿である。

実は一六号は、最初からこういう形であったわけではない。一九五二（昭和二七）年に国道指定された当初は、一六号は横浜〜横須賀だけを結ぶ短い道であり、終点は走水ではなくもう少し手前であった。なぜたったこれだけの道が一六号という堂々たるナンバーを与えられたかといえば、明治期以来の軍港であった横須賀が、国家戦略上非常に重要視されていたからだ。

しかし一九六三（昭和三八）年に国道の再編が行われた際、一六号は一二九号（千葉〜横浜間、現在の一二九号とは別物）を、小が大を呑む形で吸収合併し、東京を取り巻く環状道路として生まれ変わった。千葉〜富津間と横須賀市街〜走水の区間もこの時に国道昇格し、現在に至る一六号が出来上がったのだ。しかしこの両端区間は、都市を結ぶという国道本来の機能からいえば、ただの蛇足にしか見えない。

ではこの区間は、何のために一六号に組み込まれたのか。調べてみたところ、国道再編前年の一九六二（昭和三七）年、建設省（当時）が打ち出した「東京湾口道路」構想というのがあったらしい。これがまさに、富津～走水間に巨大橋梁を架けようというプランであった。つまり環状の一六号は、この湾口道路の布石として計画されたのだ。富津岬から対岸を望むと、横須賀の街は案外遠くなく、橋を架けたくなる気持ちもわからないではないと思える。

しかし、曲折はあったものの、二〇〇八（平成二〇）年に東京湾口道路の計画は棚上げと決まり、幻の道となることがほぼ確定した。一兆円以上の建設費を投じた東京湾アクアラインが膨大な赤字を垂れ流す中、もう一本巨大橋を架けて採算が取れるものか、答えは火を見るより明らかだろう。

偉人といわれる人たちにも、晩年には妙な計画にのめり込み、おかしな主張を繰り広げる人は少なくない。人間も道路も、まっとうに最後を迎えることは、想像以上に難しいものらしい。

D A T A

都道府県	神奈川県、東京都、埼玉県、千葉県
起　　点	神奈川県横浜市
終　　点	神奈川県横浜市
路線総延長	348.4km
現道実延長	307.5km
制 定 年	1952 年

橋やトンネルなどで海を渡る国道としては、国道２号関門トンネル、本四架橋、東京湾アクアラインなどがあるが、他にも多くの計画がある。国道 42 号伊勢湾口道路、国道 197 号豊予海峡道路などが候補に挙がっているが、建設費がかかりすぎるため実現の見込みは薄い。

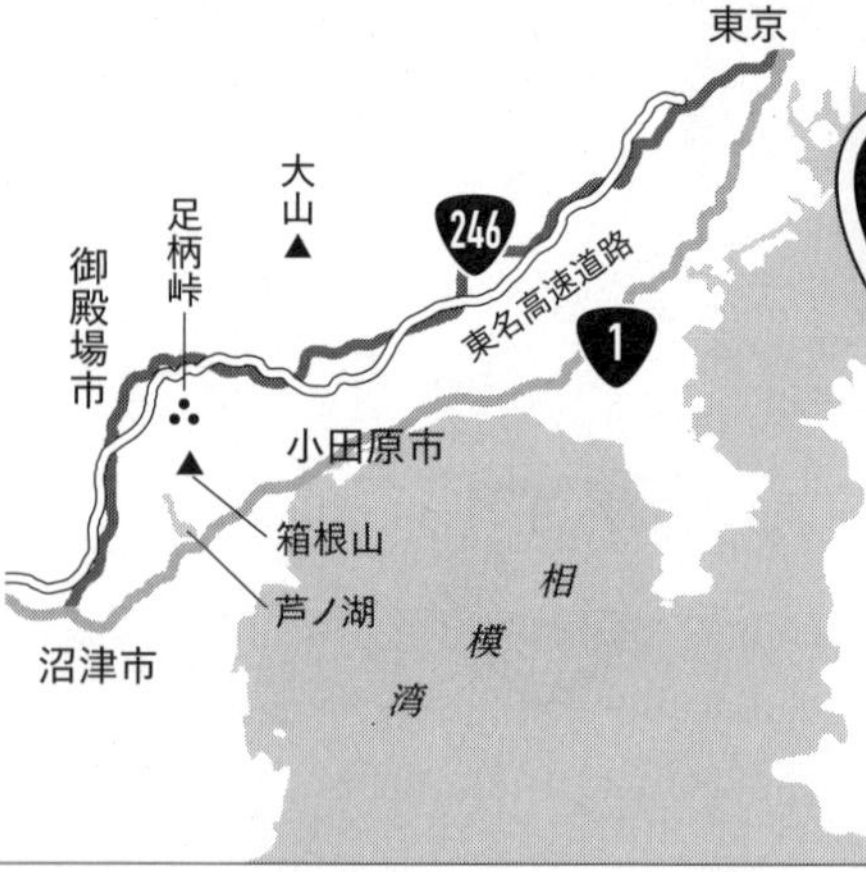

国道 246 ROUTE

裏街道「246号」の逆襲（東京都・神奈川県・静岡県）

鉄道の歴史というものは、驚くほどによく研究されている。たとえば、とっくの昔に廃止になった路線で使われていた車両が、それぞれどこに行ってどう使われているか、全て調べ上げられていたりする。マニアもここまで来ると、戦慄を禁じ得ないレベルである。

それに比べると、残念ながら道路の歴史研究はまるで進んでいない。かつての街道などの研究家は多いが、現代の国道については、実はあまり調べられていないのが実情だ。資

上下8車線を誇る都内の246号

料も少ないが、何より研究家の層の厚さが違うためだろう。

たとえば道路史においては、一番の基本事項である路線番号の決められ方さえ、よくわからないことが多い。国道六号など、さして大きな街も通らないのに、なぜ一桁の番号が与えられたのかちょっと不思議だ。六号の結ぶ東京〜仙台間には、国道四号というもう一つの大幹線が走っている。であれば、かつての五街道である中山道（国道一七・一八号などに相当）や甲州街道（国道二〇号に相当）、または一桁国道のない四国の道にでも、六号のナンバーを割り当てる方が自然であったように思える。

で、この手の話題になるとよく聞かれるの

が、国道二四六号はなぜあんなに大きな番号なのか、である。何しろ二四六号は、青山・赤坂から渋谷へ向かう青山通りを経て、世田谷から川崎・横浜といった、日本最高の高級住宅地を貫いていく。そこらの二桁国道より、知名度も重要度も遥かに上だ。

また、神奈川から静岡県境の国道一号は「天下の険」箱根《はこね》峠を経由する。筆者など雪の箱根でトラックに突っ込まれかかったことがあるし、濃霧の時には信号も車線も見えない状態で冷や汗を流しながら走った経験もある。御殿場《ごてんば》経由の二四六号は比較的なだらかな地形であり、よほど安全だ。となれば、こちらこそが国道一号を名乗るべきではないのか。

実は平安時代初期まで、東海道は箱根ではなく、現在の二四六号に近い足柄《あしがら》峠を経由していた。箱根山を北から迂回する形になるから多少距離は延びるが、歩きやすさ、安全性からこちらが選ばれたのは自然なことだっただろう。

この道を使用不能に追い込んだのは、八〇〇（延暦一九）年からの富士山噴火であった。この時、代わりに切り拓かれたのが箱根峠だ。足柄峠ルートは灰に埋まり、やがて復旧はされたが、往時の勢いは取り戻せなかった。

戦国の覇者徳川家康は、幕府を開くや否や五街道の整備に乗り出し、東海道のルートも箱根経由と正式に決定された。峠には関所が築かれ、人や物資の出入りは厳しく管理されることとなる。箱根峠は幕府にとって、西国大名の侵入を防ぐ天然の要害であったのだ。

しかし足柄峠ルートは、江戸時代中期から脇街道としてそれなりの人気を集め始める。丹沢《たんざわ》山地南端にある大山阿夫利《おおやまあふり》神社への参詣のため、多くの庶民がこの道を通ったのだ。この大山街道が、国道二四六号の直接の祖といえる。

その大山街道が、東海道のメインルートに返り咲きかけた時がある。一八六二（文久二）年、島津《しまづ》家の大名行列に馬で乗り入れた英国人が斬殺される「生麦《なまむぎ》事件」が発生。トラブルを避けるため、幕府は大名たちに大山街道を通行するよう命じたのだ。この時に東海道が正式に移設されていれば、その後の交通網もずいぶん変わっていただろうが、これは実現しなかった。

明治政府もまた、観光地として人気の高い箱根を国道ルートとして選ぶ。一九五二（昭和二七）年の国道指定に際しても、大山街道は都県道に留め置かれた。東京〜横浜間には、東海道を引き継ぐ国道一号と一五号がすでにあったため、大山街道は第一回の二級国道指定（一九五三年）からも洩れてしまう。実際、この頃の大山街道は田畑の間を通る細い砂利道で、国道らしさは皆無だ。

ようやく大山街道が二四六号として国道指定を受けるのは、一九五六（昭和三一）年のことであった。しかしここから、一気にこのルートに追い風が吹く。ちょうどこの頃、二四六号に並行する形で東名高速の建設が始まり、また東急グループによる多摩田園都市の大規模な開発が進められた。さらに、沿線の駒沢に東京オリンピックのスタジアムが置かれたこともあり、今まで日陰者であった大山街道は一挙に改良が進んだのだ。すでに飽和状態であった一号沿線に比べ、土地に余裕のある二四六号付近は、改良が容易だったことが幸いした。

一二〇〇年もの間、関東の裏街道であった二四六号は、わずか数十年で首都圏の大幹線の地位に上り詰めた。今後の都市の変遷を考える上で、この道の歴史は大きな示唆を与えるように思う。

D　A　T　A

都道府県	東京都、神奈川県、静岡県
起　点	東京都千代田区
終　点	静岡県沼津市
路線総延長	125.3km
現道実延長	123.5km
制定年	1956年

現在、東京都道と神奈川県道には1号がない。当初は大山街道が東京都道・神奈川県道1号であったが、1956（昭和31）年に246号として国道昇格を果たした。この後も都県道1号は、国道1号との混同を避けるためもあり、穴埋めされず欠番のままとされているのだ。

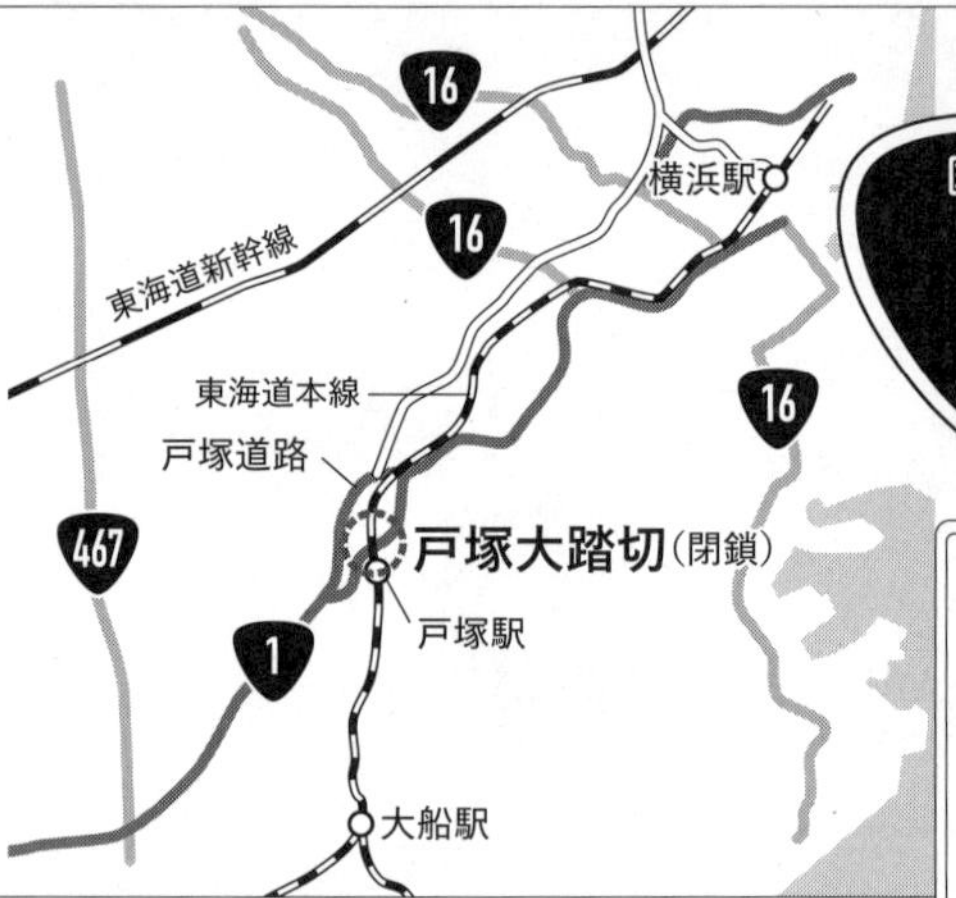

国道
1
ROUTE

消えた「開かずの踏切」（神奈川県）

踏切が好きだという人は、あまりいないことだろう。筆者も学生時代、テストに遅刻寸前という時に駅前の踏切に遮られて地団駄を踏んだ記憶は、いまだに夢に見るほどのものだ。また、列車事故の三分の一以上が、踏切で起きているとのデータもある。渋滞や各種トラブルの原因にもなるから、やはり踏切は道路交通における厄介者であるには違いない。

ちょっと意外だが、道路交通法によれば、踏切とは基本的にあってはならぬ存在なのだ

長い間国道1号の難所であった戸塚大踏切

そうである。あくまでもやむを得ない場合にのみ、設置が許可されるというのが建前だ。特に最近新規開通した路線には、よほどのことがない限り踏切の設置は認められなくなっている。既存の踏切も解消しつつあり、学生時代に筆者を悩ませた踏切もすでに姿を消した。現在、全国には三万三〇〇〇ヶ所以上の踏切があるが、この数は年々減少しており、特に幹線道路の踏切は、今や絶滅危惧種となっている。そして残された踏切の中で「大物」といえるのが、国道一号の横浜市戸塚《とつか》駅付近にある「戸塚大踏切」（正式名は東海道踏切）であった。

　この戸塚大踏切は、実に厄介な代物であった。ＪＲ東海道線、横須賀線、貨物線の上下六本の線路がここを通っているため、ラッシュ時には一時間のうち実に五七分間遮断機が下りたままになるという、全国でも有数の「開かずの踏切」なのだ。このため、朝六時から九時、夕方一六時から二一時まで、一切の車両は通行止めとなっていた。天下の国道一号に、一日八時間もストップをかけられる場所があったとは、あまり知られていないのではなかろうか。

なぜこんなものが生き残っていたのか、歴史を追ってみよう。戸塚の発展のきっかけは、東海道の宿場町になったことであった。当初は正式な宿場町ではなかったが、前後の保土ケ谷《ほどがや》宿と藤沢宿の間隔が四里九町（約一七キロメートル）と長かったこと、江戸からちょうど徒歩で一日分の距離にあったことから、この地に泊まる者が増え始めた。このため戸塚宿は、一六〇四（慶長九）年に正式な宿場として認可される。江戸末期には、小田原宿に次ぐ数の宿を擁し、東海道五十三次屈指の宿場にまで成長していた。

明治に入り、鉄路の東海道線がこの地に通ることになる。戸塚駅には、当初は旧宿場町のあった西側にしか出口がなかったが、次第に競馬場のあった東側が栄え始めた。現在では、東口側はファッションビルが立ち並んでいるのに対し、西口側はかつての東海道の風情が残り、ずいぶん雰囲気が異なっている。いずれにせよ、線路が戸塚の街を東西に分断し、交流を阻んでしまったわけだ。

戸塚大踏切は、国道一号の大いなるボトルネックともなった。かつては箱根駅伝もこのコースを通っており、一九三九（昭和一四）年にはトップを猛追していた日本大学の選手が、踏切に遮られたおかげで優勝を逸する事件も起きている。

戦後になり、自動車や鉄道の本数が増えてくると、渋滞はより深刻となる。神奈川県の大磯《おおいそ》に私邸を構えていた吉田茂《よしだしげる》首相（当時）は、東京に出てくるたびこの渋滞に悩まされた。ついに一九五三（昭和二八）年のある日、彼は激怒して「踏切を迂回するバイパスを建設せよ」と吼《ほ》える。これが戸塚道路で、その経緯から「ワンマン道路」の名で呼ばれる。

その戸塚大踏切が、二〇一五（平成二七）年ついに閉鎖された。国土交通省では、二〇〇五（平成一七）年に起きた事故をきっかけに「開かずの踏切」対策に力を入れ始め、この戸塚大踏切もその対象になったのだ。用地買収などは難航したが、二〇一四（平成二六）年一月に歩行者用のデッキが完成、さらに二〇一五年三月二五日にはJRの線路をくぐる自動車トンネルが開通し、数々の伝説と逸話を作った戸塚大踏切は、駅開業時の設置から一二八年にして姿を消した。

市民にとっては、長年の宿願が叶っての待望の踏切撤去――なのかと思いきや、地元の方に実際に話を聞いてみると、どうもそうでもないらしい。自動車は戸塚道路を通るから、駅近辺はさして渋滞もしていなかった。歩いて線路を越える道はすでに別途できているから、上り下りの必要なデッキは面倒なだけだ。新たなトンネルは、車を素通りさせてしまうから、地元経済の活性化もさして見込めそうにない。三〇年前にできていれば話も別だったろうが、今となっては有り難みも薄い、という。まあ物事を決められる政治家が、今はいないんでしょうね――と苦笑いされてしまった。

民主的な手続きに則り、各方面の権利を尊重し、慎重にことを進めた結果、踏切撤去に数十年がかかってしまった。それは正しいことではあるのだろう。しかし、権力者の一声で物事が決まった時代が、少々羨ましくもある。

追記：

踏切が廃止された後、東口側には広場が整備され、かつての踏切の情景を伝える写真が掲示されている。

Column 5 路線番号

現在の国道は全て「○○号」と番号だけで呼ばれるが、かつての二級国道には「101号青森能代線」などのような路線名があった。1965（昭和40）年に一級・二級の区別が撤廃された際、路線名も廃止されている。

都市高速は「首都高速6号三郷線」のように両者が併用されているが、高速道路は長く「東名高速道路」「中央自動車道」のような路線名だけであり、番号は振られていなかった。しかし海外からの観光客なども増える中、このままでは不便だとして、高速道路にも番号をつけるべきとの声が高まっていた。

というわけで、高速道路にも2017（平成29）年から番号がつけられることになった。番号はExpress wayの頭文字をとって「E1」「E2」などのように表記される。また東京外環自動車道などいくつかの環状道路には、「C」で始まる番号がつけられている。

肝心の付番法は、並走する国道に合わせる形で取り決められた。たとえば東名高速・名神高速は、並走する国道1号に合わせて「E1」とされた（新東名・新名神はE1A）。並走する国道がない高速道路については、国道の空き番号である59以降のナンバーが利用され、E98までが制定されている。

今のところ知名度はもう一つのようだが、よく考えられた番号システムではある。知っておけば、高速走行中の混乱防止に一役買うはずだ。

国道 271 ROUTE

東名高速を削り取った男（神奈川県）

大学で、研究予算の管理に関わる仕事をしていたことがある。しかしそれまで普通の会社にいた身には、どうにも戸惑うことばかりであった。これが必要だというロジックさえ立てばいくらの品物でも買えるが、不必要と疑いのかかるものは一〇〇円でも買うことができない。必要な物品である証拠を揃えるためだけに、膨大な時間とマンパワーが費やされていた。上から下まで誰一人得をしない、それでいて堅牢極まりないシステムを目の当

高速道路に見える造りだが、あくまで一般国道であることを示すおにぎり標識

たりにして、これでは日本の生産性など上がるはずもないと、深くため息をついたことも一度や二度ではない。

在任中にもう一つ知ったことは、この難攻不落と思えるロジックの城が、「政治決定」という上からの圧力には、全くもろいということであった。特に民主党政権による事業仕分けの際には、それまでずいぶん苦労して運営してきた予算が、一夜にしてご破算となった。

そうした状況でも、官僚とか役人と呼ばれる人々は、彼らの依って立つ柱である「ロジック」を手放そうとはしない。政治決定によって変化した状況の辻褄を合わせるため、うまいこと理屈と法律をこね回して新たなロジックを組み立て直すのである。どれだけ現状に合わなかろうと飛躍していようと、とにかくロジックがつながりさえすればよいらしい。理系の世界で生きてきた筆者には、何とも理解し難いことであった。

道路の世界にも、こうした政治家の横紙破りと、官僚の辻褄合わせによって誕生したものがある。神奈川県西部を走る、小田原厚木《あつぎ》道路はその典型的な例だ。この道は、パーキングエリアなども整備された高架の四車線道路で、東名高速の枝線的な存在だが、実は二七一号という番号を与えられた一般国道だ。こうした国道はそれまで前例がなく、現在でも特殊なケースに属する。

様々な都合から、国道は全国で数十本がまとめて同時に指定されるのが通例だが、二七一号は一九六三（昭和三八）年三月三〇日にこれ一本だけが指定を受けている。こうしたケースはこの道のみだ。いかにも何らかの力が働いた結果と見える。

強引にこの道を造り上げたのは、昭和政界の大立者であった河野《こうの》一郎《いちろう》だ。河野洋平《ようへい》元衆院議長の父、河野太郎《たろう》衆院議員の祖父に当たる。

河野は一八九八（明治三一）年、現在の小田原市に生を享《う》ける。早稲田大学時代には競走部の主将を務め、初期の箱根駅伝に出場して優勝も経験しているという。あるいはこの時代の、未整備の東海道を走った経験が、後年に道路建設に力を入れる要因になったのかもしれない。

実際、河野は建設大臣として辣腕《らつわん》を振るい、首都高速道路、東名・名神高速道路などの建設を強力に推進した。巨大事業であるため各所で反対も起きたが、その胆力と腕力に物を言わせ、押し切っている。中曽根康弘《なかそねやすひろ》をして「歩いていて風圧を感じる政治家は吉田茂と河野一郎」と言わしめた男の面目躍如であった。

ただ一つ彼が不満であったのは、東名高速道路が彼の地元・小田原を通過しないことであった。そこでまず彼は、東名の大井松田《おおいまつだ》インターと小田原市を直結する道を、国道二五五号に指定させる。これだけでも相当の力業であったはずだが、彼はそれでは満足しなかった。東名厚木インターから枝分かれして、小田原までを結ぶ道路の建設を命じたのだ。

頭を抱えたのは建設省（当時）の事務当局だ。しかし剛腕の大臣に逆らうこともできず、彼らはウルトラCのロジックをひねり出す。東名高速の厚木インター～大井松田インター間は六車線で建設の予定であったが、これを四車線に削り、その分を二車線の小田原厚木道路に回すというものだ。行き先も道路の種類も違うのに無茶な理屈と思うが、これが結局まかり通り、小田原厚木道路は無事完成を見た（武部健一《たけべけんいち》『道路の日本史』中公新書）。その後、東名は六車線に、小田原厚木道路は四車線に拡幅され、今に至っている。

こうした強引すぎる政治手法から河野には敵も多く、首相の座に就くことは叶わなかった。しかし彼の残した道路群が、半世紀後の今も難所の神奈川～静岡県境の交通を支え、伊豆・箱根などの観光地への欠かせぬルートになっていることを思えば、やはり単なる我田引水のみではない、優れた構想力の持ち主であったと見るべきなのだろう。

ただし、車好きであった彼は鉄道の誘致にはあまり興味がなかった。今も神奈川西部は鉄道網が充実しておらず、これが発展の足を引っ張り、横浜や川崎に水をあけられる要因になったともいわれる。

神奈川の地図には、一人の男の強烈な個性が刻みつけられ、人々の生活を左右している。それを読み解いていくのは、なかなか楽しい作業である。

D　A　T　A

都道府県	神奈川県
起　　点	神奈川県小田原市
終　　点	神奈川県厚木市
路線総延長	31.7km
現道実延長	31.7km
制　定　年	1963年（1969年全線開通）

小田原厚木道路は、一見通常の高速道路に近い造りだが、路肩などは狭いため、制限速度は70キロにとどめられている。このためスピード違反が絶えず、覆面パトカーによる取り締まりが非常に多いのもこの道の特徴である。いろいろな面から、非常に特殊な国道といえる。

CHAP.
3

東海・中部・北陸編

迷宮国道403（新潟県・長野県）

大きな公園やテーマパークなどにある巨大迷路に入ってみたことがある。子供向けかと思いきや、大人もやってみると実はなかなか楽しい。つい時間を忘れてさまよい歩いてしまったという方も多いことだろう。

道に迷うという、本来最も不安を覚えるはずの行為に、楽しみを感じてしまうのは不思議なことだ。日常から切り離され、全く知らぬ異空間をさまよっている感覚、どこか知らない場所へたどり着いてしまい、永遠に戻れ

とうてい国道とは思えぬ佇まいだった旧国道101号

ないのではないかという浮遊感。ついに正しいルートを見つけ出し、元の世界に戻れるという喜び。これらが相まって、迷路というものの不思議な魅力を形作っているのだと思う。

筆者が国道巡りなどと称して、全国をふらふらと走り回っているのも、結局はこういう感覚を味わいたいためなのかもしれない。ここはどこなんだろう、俺はいったいなぜこんなところに来てしまったのだという思いは、筆者の脳に妙な酩酊感と幸福感をもたらすのである。

というわけでかどうかは知らないが、国道趣味者に人気（?）があったのが、秋田県男鹿《おが》市の国道一〇一号である。この国道は、青森県青森市から秋田県秋田市の間を、日本海

山間部を行く国道403号

沿いに走っている。鉄道に詳しい方なら、JR五能線とほぼ並走する道だといえば、わかっていただきやすいと思う。

県庁所在地を結ぶほどであるから、国道一〇一号は立派な幹線国道なのであるが、実はこの道の男鹿半島を走る区間だけが、実に奇怪な様相を呈していた。立派な四車線のバイパスから何の予告もない細い裏道への進入、死角へ向けて突然のターン、住宅街の軒先をかすめるような狭路、わざわざ畑の中の畦道へ突っ込むかのようなルーティング、市道に遮《さえぎ》られて一時停止を強いられる交差点などなど、巧妙に人の心理の裏をかいた（としか思えない）ポイントが次々に登場する、恐ろしく不条理な国道なのである。カーナビなしではまず道を見失うこと必至、あってさえノーミスでの突破は非常に難しい。というわけで、男鹿半島は国道マニアなら一度は訪れるべき名所とされ、ラビリンス国道の名をほしいままにしていたのであった。

と、過去形で書いているのは、この国道区間が今は消滅しているからである。といっても道がなくなったわけではなく、バイパスが開通したために迷走区間は国道指定を外され、県道などに降格したのだ。今や国道一〇一号は、多少狭い区間があるだけの普通の国道となった。もちろん道路としては正常な進化を遂げたわけでめでたいことだが、あの不可解感を味わえなくなったのはどうも残念である。

かつての国道一〇一号亡き今、ラビリンス国道の名を受け継ぐべき存在は、国道四〇三号だろうか。といっても、その状況はずいぶん異なる。新潟県新潟市から長野県松本市まで、約三三〇キロメートルにも及ぶこの国道全体が、迷路の様相を呈しているのである。

法律上、新潟市栗ノ木《くりのき》橋交差点から出発しているこの国道だが、出発してしばらくは国道四九号と重複して姿を現さない。旧亀田《かめだ》町まで来てようやく分離独立を果たすが、三条《さんじょう》市まで来て国道二八九号にぶつかって姿を消す。数キロ先で国道八号から分岐して再出現するが、今度は長岡市で三五二号にぶつかって消える。この長岡市内が実に曲者で、多数の国道が網の目のように絡まっていてどれが何号やらさっぱりわからない。三五一号と重複しつつ長岡を脱出すると、今度は小千谷《おぢや》市の蜘蛛の巣区間が待ち受けており、また路頭に迷うはめとなる。

こうした重複区間では、両方の番号を表示しているところが増えてきたが、新潟県は若い番号の国道のみを表示する方針を頑なに貫いている。道路整備には力が入っている県でありながら、この点だけは不親切だ。というわけで、たぶん四〇三号は現在のところ日本一トレースの難しい国道なのである。

実はこの国道、かつては旧亀田町から三条市の間を結ぶ、全長四〇キロ足らずの短い道であった。ところが一九九三（平成五）年、この国道にあちこちの県道が組み込まれ、一挙に八倍超の長さの長大路線に成長してしまった経緯がある。これらを法律上一本の道とするため、あちこちで先輩国道の間借りをして重複区間を作らざるを得ず、こんなフランケンシュタインのような道が出来上がったのだ。

当初、国道は都市と都市をまっすぐ結ぶという理念のもと計画された。しかし時代を経るに従って政治力やら地元の請願やらであちこちでつぎはぎが行われ、こうした

DATA

国道
403
ROUTE

都道府県	新潟県、長野県
起点	新潟県新潟市
終点	長野県松本市
路線総延長	334.2km
現道実延長	243.8km
制定年	1982年

新潟〜長野県境付近の国道403号は、田んぼの中を行くあぜ道のような区間や、山中を縫う酷道区間などがまだ多く残っている。走り切るには体力も度胸も必要な国道だ。

不可解な道が出来上がった。迷宮の如き国道四〇三号のルーティングは、道路行政の迷走を象徴しているかのようにも見えるのである。

国道
52
ROUTE

権力者のいた風景（山梨県）

東京の神楽坂《かぐらざか》は、午前と午後で一方通行の向きが逆転する、珍しい形式の道路だ。なぜこんな奇妙な道があるかというと、実はかの田中角栄が決めたという説がある。国会が終わって神楽坂の料亭に向かい、自宅へ帰る時に便利なようにこうさせた、というのだ。変更された時期を考えると、これは作り話の可能性が高いが、いかにもありそうな話であるため広まってしまったのだろう。何しろ、自宅の面している目白《めじろ》通りから、地元新潟まで

延々と続く橋脚は、故人の権力の巨大さを雄弁に物語る

を一直線に結ぶ、関越《かんえつ》自動車道を造ってしまったほどの男だ。一方通行の向きを変えるくらいは、朝飯前だったはずだ。

今も昔も、政治と道路は切っても切れない関係にある。時が経てば政治家の業績は忘れられていくが、彼らが敷いた道路は何十年後にも、地図にしっかり刻まれて残っていく。道路地図を眺めるだけでも、政治力の働いた痕跡はくっきりとわかってしまう。

山梨県西部、南アルプス市付近は、そんな場所の一つだ。このエリアのメインルートである国道五二号には、甲西《こうさい》道路という立派なバイパスが並走している。さらにご丁寧に、甲西道路の上には高速道路である中部横断道が覆いかぶさっている。さほど交通量が多いわけでもないエリアに、屋上屋もいいところである。

こりゃここらにはよほど有力な政治家がいたんだろうな、と調べてみると、案の定であった。南アルプス市は、元自民党副総裁・金丸信《かねまるしん》の出身地であったのだ。

金丸は、造り酒屋を営む裕福な家の長男として生まれた。一九五八（昭和三三）年に、衆議院山梨県全県区より出馬して初当選。一九七二（昭和四七）年には田中派の旗揚げに奔走、同年建設大臣として初入閣するなど、建設族議員としての道を歩む。八〇年代以降は、首相以上の権勢を振るう「政界のドン」として君臨したことはご存知の通りだ。

道路などのインフラ整備による地元への利益誘導は、政治家が大なり小なりやっていることではあるが、彼の場合いかにもやり方が露骨であった。山梨県を貫く中央自動車道の整備を進め、上野原《うえのはら》・長坂《ながさか》の両インターチェンジは彼が造らせたといわれる。埼玉と山梨の間に立ちはだかる国道一四〇号雁坂峠にも、全長六六二五メートルにも及ぶトンネルを開通させ、これは「金丸トンネル」とも呼ばれた。リニアモーターカーの実験線を、石原慎太郎《いしはらしんたろう》の推す北海道と争い、山梨に誘致したことも有名だ。

お膝元である旧白根《しらね》町エリアの道路の整備ぶりは、さらに凄い。もともとこのあたりの幹線道路は二級国道一四一号（静岡県清水市〜長野県上田市）として指定を受けたが、金丸が議員六年目の一九六三（昭和三八）年、この道の南半分（清水市〜山梨県韮崎《にらさき》市）のみが分離独立し、一級国道五二号へと昇格した。ただし、一級国道は県庁所在地クラスの都市を結ぶという規定があったため、五二号は韮崎から折れ曲がり、国道二〇号と重複して甲府市へ向かうよう変更された。どうも無理筋な話で、他にこういう昇格の仕方をした国道はほとんどない。太平洋から甲府方面を結ぶというなら、富士市や富士宮市、富士五湖などを通過する、国道一三九号から三五八号か、あるいは一四〇号経由のルートを昇格させた方が、よほど筋がよかったと思える。

五二号の高速版ともいうべき中部横断道も、ルーティングが不自然で使いにくい道だ。富士川町あたりから東に折れ、笛吹《ふえふき》川沿いに甲府市南部へ達するべきだったろう。こうしておけば、東京方面からの東名・中央道の連絡が十数キロ短縮でき、長野方面からは四キロほどの遠回りで済む。建設費も、一千億円前後は浮いたはずだ（以上の指摘は、清水草一《しみずそういち》氏の『この高速はいらない。──高速道路構造改革私案』〈三推社／講談社〉による）。しかし中部横断道は旧白根町経由と決められ、この部分が真っ先に建設された。旧道路公団では、この道を「金丸道路」と呼んでいたという。

その他にも、東西方向には新山梨環状道路という高速道路並みの規格を誇る県道が走り、その北には「アルプス通り」という四車線の県道が、金丸の自宅の目の前を通って甲府市まで延びている。こう言っては何だが、人口七万人規模の南アルプス市には、あまりに不似合いだ。

これらの道によって地域が発展したのならまだしもだが、実際はどうなのだろうか。バイパスや高速ができるほどに、よその車はただ素通りするだけとなり、地元にカネを落としていかなくなる。都会に出やすくなった住民はそちらで買い物をするようになり、地域経済にはマイナスに働く。

実際に五二号を走ってみると、旧道は昭和の雰囲気を色濃く残したままであり、バイパスは沿線に新たな市街ができるでもなく、ただ味気なく田園地帯を走り抜けていくだけだ。一代の権力者が夢見た郷土の未来は、果たしてこんなものであったのだろうか。

DATA

国道 52 ROUTE

都道府県	静岡県、山梨県
起　　点	静岡県静岡市
終　　点	山梨県甲府市
路線総延長	95.7km
現道実延長	91.6km
制　定　年	1953年（1963年52号に昇格）

古くから駿河国と甲斐国を結んだ道であるため、「駿州往還」「甲州往還」の名がある。また、富士川沿いであることから「富士川街道」、身延山久遠寺への参詣者が利用したことから「みのぶみち」、河内領（富士川流域）を通過するため「河内路」など、異名の多い道である。

追記：

南アルプス市付近の国道52号旧道は、二〇一六（平成二八）年に県道へと降格し、現在国道52号は甲西道路に一本化されている。

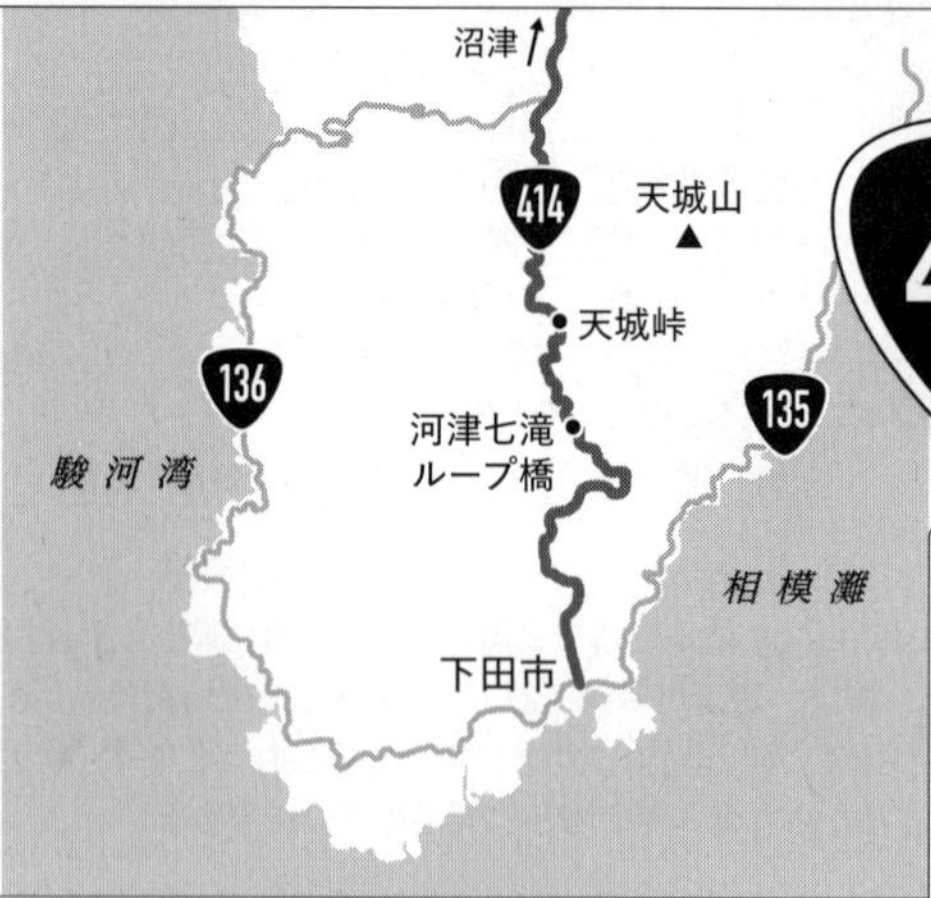

国道 414 ROUTE

今昔天城越え（静岡県）

自分で全国各地を車で走り回るようになって痛感したのは、日本というのは呆れるくらいに山また山の国だということだ。平野部に住んでいると実感がないが、とにかく日本列島は国土の隅々に至るまで、びっしりと山ばかりなのである。

というわけで日本の道路交通は、他国に比べて峠の存在感が極めて大きいという特殊事情がある。大小数千もの峠が、狭い国土を埋め尽くしている国など、他にほとんどないの

河津七滝ループ橋。2回転しながら45メートルの高低差を乗り越える

ではないか。

霊感のある友人に言わせると、峠を通りかかる時には、よく何かの存在を感じるという。筆者はその手の感覚はまるきり持ち合わせないが、峠が特別な場所だというのはわかる気がする。昔から峠は国の境であり、しばしば戦場ともなってきた。また数々の旅人が、最後に思いを込めて来し方を振り返った場所でもあるだろう。峠は、そんな何千年にもわたる人々の想念が塗り重ねられ、踏み固められた空間だと思うのだ。

そんなわけで、峠を舞台とした文学作品は、昔から数知れず書かれてきた。『あ、野麦峠』『大菩薩峠』『塩狩峠』などが、その代表といえるだろう。

そして伊豆半島中央部にある天城峠《あまぎ》も、これらの列に名を連ねるべき名峠だ。川端康成の代表作『伊豆の踊子』の舞台であり、石川さゆりの『天城越え』でも歌われた場所だ。天城峠は、標高こそ八三〇メートル前後とさほど高くはないが、「天城」の名にふさわしく極めて急峻であり、長く南伊豆を陸の孤島として分断してきた。ようやく天城峠を越える道が整備されたのは、江戸中期以降のことだ。下田に来航し、日米修好通商条約を結んだハリスや、黒船に乗り込んで密航を企てた吉田松陰《よしだしょういん》もこの道を通ったと記録されている。

明治に入り、政府は地元住民の願いを容れて、天嶮たる天城峠の開削に乗り出す。一九〇〇（明治三三）年から四年の歳月をかけ、当時としては破格の一〇万三〇〇〇円の工費を投じて、トンネルが掘られたのだ。全長四四六メートルは、総石造りのトンネルとしては現在でも国内最長。高い精度で加工された切石が、アーチ状に積み上げられた重厚な造りで、当時の土木技術の粋が結集されたものであることは、素人目にもよくわかる。

このトンネルは、現在も通行可能だ。国道四一四号から分かれて、未舗装の細い峠道をたどっていった先に、それはある。小説の舞台となった茶屋こそなくなっているが、目に染みるほどの濃い山の緑、足がすくむほど深い谷、トンネル内にぽたぽたと垂れ落ちる雫などは、今も『伊豆の踊子』にある描写そのままだ。狭く薄暗いこのトンネルを通り抜ける数分間、主人公はどんな気持ちでいたのだろうか、と想像を巡らせてみたくなる。

明治期最高の技術を投じて造られた旧天城トンネルだが、幅四メートルほどしかなく、自動車でのすれ違いは不可能だ。伊豆半島の観光開発が進むと、このトンネルでは増大する通行量を支え切れなくなってゆく。そこで一九七〇（昭和四五）年、やや西側に新天城トンネルが開通し、峠越えのルートはこちらに移ることとなった。

しかし、天城峠はやはり天嶮であった。この近辺は、浄蓮《じょうれん》の滝や河津七滝《かわづななだる》など滝が多いことでもわかる通り、南向きの崖のような地形になっている。この山腹を這い上がるように走っていた道路が、一九七八（昭和五三）年に発生した伊豆大島近海地震によって崩壊し、大きな被害が出たのだ。

そこで道路技術者たちは新たな道路の建設に当たって、崖に沿わずに、狭いスペースで高度を稼ぐ大技を繰り出した。直径八〇メートルの大きならせんを、二周しながら登っていく「ループ橋」と呼ばれる形式だ。重厚ながら風情も漂わす旧天城トンネルとはうって変わり、こちらは訪れる者を驚嘆させるテクノロジーの塊だ。『伊豆の踊子』の英訳本が「ザ・ダンシング・ガール・オブ・イズ」というあまりに別物すぎるタイトルだったので思わず引っくり返ってしまったことがあるが、新旧天城越えにもそのくらいの落差がある。

とはいえ、伊豆の美しい山々を眺めながら、ゆっくりとループを二回転する気分は悪くない。特にデコボコ道の旧道を走った後に来ると、現代技術の有り難みを痛感する。

天城越えの道は一九八二（昭和五七）年に国道に昇格する。旧天城トンネルも長らく国道四一四号の一部であったが、二〇〇〇（平成一二）年に新道の無料開放の際に国道指定を外され、現役を退いた。トンネルとしては初の重要文化財にも指定されている。

明治には明治の、現代には現代の最新工法が投入されたこの峠は、技術者たちの大いなるロマンが詰め込まれた道だ。陸の孤島であった南伊豆が、日本屈指のリゾート地となったのは、ひとえにこの道のおかげといえる。難所に挑んだ今昔の技術者たちの努力に、心からの拍手を送りたいと思うのである。

D A T A

都道府県	静岡県
起　　点	静岡県下田市
終　　点	静岡県沼津市
路線総延長	84.7km
現道実延長	60.0km
制　定　年	1982年

伊豆半島には、東の海岸沿いを行く135号、西側を走る136号、そして中央部を縦断する414号の、3本の国道が通っている。性格の異なる3路線は、伊豆半島の南端、下田市の中島橋交差点で出会う。国道ファンにとり、何となく心ときめく交差点の一つである。

国道
152
ROUTE

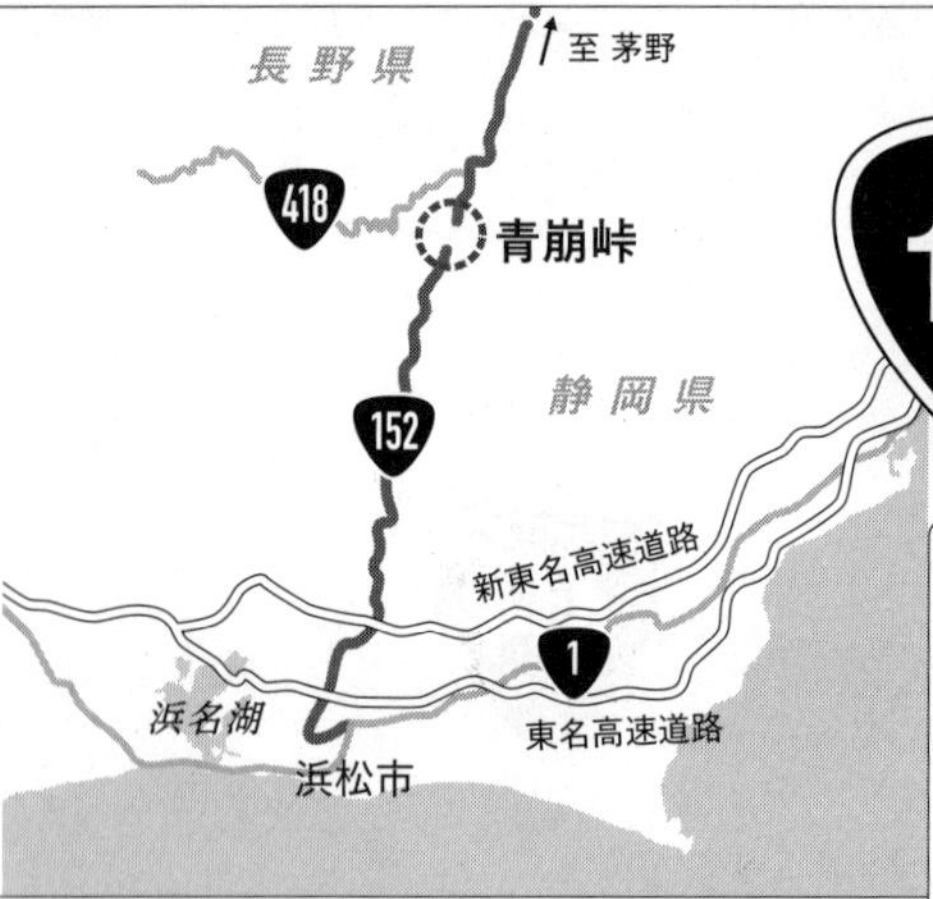

あゝ青崩峠（静岡県・長野県）

日本の国土は山だらけであり、必然的に道路は峠越えだらけ、という話を前項に書いた。加えて我が国は、あちこちが海や川で隔てられているし、地震もあれば台風も来る。これほどまでに道路建設に向かない国土というのも、他にはなかなかないのではないか。

そんな条件で、スムーズな交通を確保するには、トンネルを掘るのが一番である。自然、日本のトンネル技術は、悪条件の国土に鍛えられて大いに発達した。掘削部分に素早くコ

152号は山また山の中を往く

ンクリートを吹き付けて固める「NATM工法」、海底に溝を掘って箱を埋める「沈埋トンネル」などなど、ありとあらゆる技術が磨き上げられ、列島各地に穴が掘られてきた。

これは国内だけの話ではない。英仏海峡やボスポラス海峡といった世界の要衝にも、日本の技術によって長年の宿願であったトンネルが開通している。トンネル掘削は、まさに日本が世界に誇る技術の一つなのである。

ところが、この世界最高峰の技術をもってしても、どうしてもトンネルが通せない区間がある。静岡～長野県境に位置する、国道一五二号の青崩《あおくずれ》峠がそれだ。断絶区間はわずか四キロほどに過ぎないが、国道指定から半世紀以上を経てもなおつながらない「幻の国道」だ。

この国道一五二号は、「敵に塩を送る」の故事通り、昔から塩の取れなかった信州に、太平洋岸から塩を運んだ歴史ある道だ。戦国期には武田信玄《たけだしんげん》が、この道を通って上洛を目指したことでも知られる。青崩峠を越えた信玄は、三方ヶ原《みかたがはら》の戦いで織田・徳川連合軍を粉砕するが、病に倒れて天下統一の夢を絶たれている。

筆者はこの道を、南から走ってみたことがある。一五二号は、六車線を擁する浜松市のメインストリートとして始まるが、北へ行くに従ってだんだん細くなってゆき、峠手前でついにぎりぎり一車線の「酷道」に成り下がる。羊頭狗肉というか竜頭蛇尾というか、一本の国道の中で、これほどグレードに落差のある道は他にない。

青崩峠の頂上には車道は通じておらず、坂道を二〇分ほど歩いて登ることになる。民家どころか人工物さえも見当たらず、目に入るのはどこまでも重なる青い山々だけだ。日本にまだこんな場所が残っていたのか、と思うほどの秘境である。

細いけもの道からは、小さな崩落の跡があちこちに見て取れる。実はこのエリアは、東西の地塊が激しくせめぎ合う「中央構造線断層帯」の真上に位置し、非常に崩れやすい地質なのだ。「青崩峠」の名も、青っぽい岩がボロボロと崩れてくるところからきている。

青崩峠にどうしてもトンネルが通せないでいるのも、これが理由だ。何度か地質調査が行われたが、あまりの崩落の激しさに断念せざるを得なかったらしい。

というわけで青崩峠に車道を通す計画は放棄され、一つ東の兵越峠《ひょうごし》を越える林道が、この区域の交通を支えている。ちょっとそちらにも回ってみるか、と車を向けてみたところ、そこには驚くべき光景が広がっていた。人気《ひとけ》の全くない山中に、それまでの酷道とはかけ離れた、ハイグレードな高架道路が突如現れたのだ。あっけにとられつつ進んでいくと、今度は高速道路と見紛うような、幅広のトンネルが山をぶち抜いていた。この二一世紀に狐か狸にでも化かされたのか、と目を疑うような姿であった。

調べてみると、高速道路と見紛うのも道理、この草木トンネルは「三遠南信道《さんえんなんしんどう》」という名の高速道路の一部であった。この道は浜松から長野県飯田市《いいだ》までをつなぐ計画になっているが、兵越峠に迂回するためのルートとして、このトンネルを優先して開通させたものらしい。

しかしいったい何が悲しくて、こんな山奥に立派な高速道路を造らねばならないのかと思う。民主党政権時代には凍結も検討されたようだが、最近また予算がつけられ、計画は継続となったようだ。

と、この道の最近の動向について調べていたら、なんと工費一八〇億円を投じた草木トンネルは、地盤が弱いことが発覚し、三遠南信道のルートとしては放棄されたという。何をやっておるのだ、である。

結果として草木トンネルは、高速道路から一般道へ格下げされるという、あまり前例のない事態となった。

ではこの峠越えは諦めたのかと思いきや、先日「青崩トンネル」の起工式が行われたというニュースが飛び込んできた。今度は峠の西側に、約五キロのトンネルを掘る計画だという。まだやる気なのか、とさすがの筆者も呆れた。

工費は二四〇億円の予定という。もし数十年後に完成したとしても、過疎化、少子化が進む中、交通量は見込めまい。世界最高の技術を投入すべき場所は、他にいくらでもあるはずだ。

D A T A

国道
152
ROUTE

都道府県	長野県、静岡県
起点	長野県上田市
終点	静岡県浜松市
路線総延長	269.4km
現道実延長	243.2km
制定年	1953年

国道152号は北から順に、大門、杖突、中沢、分杭、地蔵、青崩と6つの峠を抱えており、後半3つの峠は対向すら難しい。地蔵峠・青崩峠は国道がつながっておらず、林道で迂回する必要がある。日本を代表する秘境路であり、「幻の国道」と呼ばれるゆえんである。

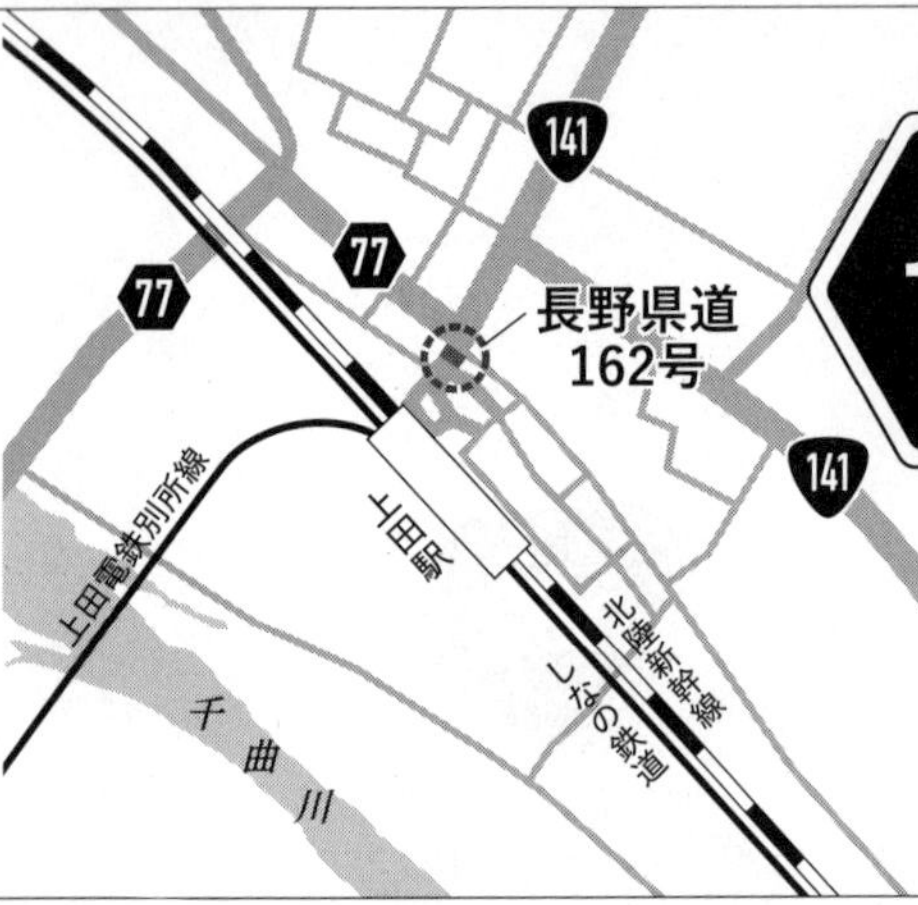

県道
162
長野

わずか7メートルの最短県道（長野県）

マニアと呼ばれる人種の価値判断基準は、多くの場合傍目からは理解不能である。ＳＬには全く興味を示さないが、京浜急行のみを愛好する鉄道マニア、皆既日食の最中にも新彗星探索に励む天文ファンなどもいたりして、このへん門外漢にはなかなか理解し難い領域である。

そういう筆者も、国道は愛好しているものの、高速道路や県道にはさして興味がない。なぜかと聞かれると大変に困る。趣味とはそ

横断歩道部分が長野県道162号である。左奥は上田駅

ういうもの、というしかない。

とは言ったものの、あまりに変な県道があると聞けば、やはり足を運んでみたくもなるのは物好きの常だ。というわけでこの項で取り上げるのは、日本で最も短い県道である。

後で紹介するが、日本最短の国道は神戸にある国道一七四号で、全長はわずか一八七・一メートル（二〇七ページ）。しかし最短の県道はその比ではない。その座を占めるのは、広島県道二〇四号安登《あと》停車場線とされてきた。停車場線とは、主要道路から鉄道の駅までを結ぶ道のことで、都道府県道として管理される。JR呉《くれ》線の安登駅は、国道一八五号のすぐ目の前だが、その間を結ぶごく短い道が律儀にも県道指定されているのだ。その長さは、わずか一〇・五メートル。傍らには「日本一短い県道です」の看板も立てられ、その存在をアピールしている。筆者も、いずれ訪れてみなければと思っていた場所であった。

ところが、ある日筆者が資料を眺めていたら、長野県に全長七メートルの県道が存在することを発見した。幅ならわかるが、長さである。これでは車一台止まったらほぼふさがってしまうではないか。

問題の道は、JR上田《うえだ》駅のお城口にある、長野県道一六二号上田停車場線だ。手元の地図を見ると、上田駅前はロータリーになっており、その全てが県道と表示されている。これを見る限り、全長七メートルという話とは全く合わない。謎を解くべく、筆者は早速現地に車を飛ばしてみることとした。ふだん腰が重いくせに、こういう時だけ異様にフットワークが軽いのはマニアの常である。

というわけで、上田駅前へたどり着く。真田《さなだ》家ゆかりの地らしく、駅には六文銭をかたどった照明も点いている。東信地方の中心だけあり、駅前はなかなかきれいなものだ。しかし、問題の県道一六二号の標識は、周辺のどこを見回しても見当たらない。駅前ロータリーに接続する道は、県道七七号との表示がある。いったいどこが最短県道なのだろうか。

　ここまで来て何もわからないではしょうがないので、とりあえず駅前の交番で尋ねてみることとする。公務中に妙なことを訊くのも気が引けるが、ヒマそうにしているからまあいいだろう。

「市道か県道か？　イベントか何かで使う時、どこに申請するかってことですね？」

「ええまあはい（ごにょごにょ）」といった会話をしつつ聞き出したところによると、ロータリーは上田市の市道だという。県道七七号から駅へつながる道は、二〇〇三（平成一五）年の再開発の際にロータリーの一部となり、なくなってしまったということだ。

　首をひねりつつもう一度現場に戻ってみたところで、はたと気づいた。ロータリーと県道七七号の間に横断歩道があり、これがちょうど幅七メートルほどなのだ。つまり、車道としては長さ七メートルということになる。よく見ればロータリーと横断歩道の間で舗装の色が違っている。道路の管理者が違う証拠である。どうやらこの横断歩道部分だけがロータリー整備の際に取り残されてしまい、県道一六二号として細々と生き永らえたらしい。

たったこれぐらいの長さなのだから、いっそ県道七七号に吸収合併させてしまえばよかったではないかとも思えるが、実はこの道は主要地方道というカテゴリーに入り、整備に国から補助金が出る。同じ県道でも、一六二号とは扱いが少々異なるのだ。というわけでこの短い道は、哀しからずや主要地方道にも市道にも染まずただよい、半端な姿のまま残ってしまったわけだ。道路行政というのは極めて複雑怪奇だが、この長さ七メートルの県道は、その一つの表れである。

と、このようなことを以前ブログに書いたら、これを広島県の関係者が見ていたらしい。広島県道二〇四号が「日本一短い県道」としてテレビに取り上げられた際、「よく調べてみたら、長野にもっと短い県道があるそうでして……」と県の職員がうなだれていたという。もしかしたら、広島の関係者諸氏には悪いことをしてしまったのかもしれない。

だが、安登駅前の看板は今も撤去されておらず、上田駅前にはいまだ標識も、最短県道であることを示す看板もない。何であれ日本一はいいことなのだから、上田市はこのことをアピールしてみてはどうだろうか。そして最短の座を争う安登駅と、何らかの形で交流など図ってみては、と大きなお世話なことを考える次第である。

D A T A

都道府県	長野県
起　　点	長野県上田市
終　　点	長野県上田市
路線総延長	126.4m
現道実延長	7m
制 定 年	—

自動車で走行できる区間が全くない県道も存在する。全国各地に自転車道が県道指定されているところがあり、多くは車両通行不可だ。また、静岡県道223号は、清水港と土肥港を結ぶフェリー航路を県道指定した「海の県道」で、目に見える道路は存在しない。

国道
41
ROUTE

ノーベル賞を生む道（愛知県・岐阜県・富山県）

本業がサイエンスライターということになっている筆者にとって、一〇月の初旬は非常に楽しみな、そしてどうにも落ち着かない日々である。毎年この頃に、ノーベル賞受賞者が発表になるからだ。誰が受賞するか、いろいろ仲間内で話し合うのも楽しいし、場合によっては大幅に仕事の注文が増えることにもなる。二〇一五（平成二七）年は日本人が二人選ばれたので、ただでさえ本書『国道者』の単行本化を控えて忙しいところがさら

名古屋から富山を結ぶ国道41号の起点付近

に忙しくなり、嬉しい悲鳴というものであった。

そしてこのノーベル賞関連のニュースでは、国道に関することも話題になった。「ノーベル街道」に、また一人ゆかりの人物が加わったというものだ。

ノーベル街道とは、愛知県名古屋市と富山県富山市を結ぶ国道四一号、中でも富山〜岐阜県区間のことを指す。これまで、このエリアに縁のある科学者四人がノーベル賞を獲得しているからだ。一九八七（昭和六二）年生理学・医学賞を受賞した利根川進《とねがわすすむ》博士は富山市で少年時代を過ごしているし、二〇〇〇（平成一二）年化学賞の白川英樹《しらかわひでき》博士も沿線の高山市に住んでいた。そして二〇〇二（平成一四）年には富山市の出身の田中耕一《たなかこういち》氏が化学賞を、飛騨《ひだ》市にある「スーパーカミオカンデ」で研究を行っていた小柴昌俊《こしばまさとし》博士が物理学賞を受賞する。これを受けて富山県と岐阜県は「ノーベル街道」の名でキャンペーンを開始し、早速案内パネルやモニュメントなども立てられた（ただ、いずれも国道四一号沿いではないところに設置されているのは不可解というものである）。

そして二〇一五（平成二七）年、小柴博士の弟子で富山市在住の梶田隆章《かじたたかあき》博士がノーベル物理学賞を受賞し、再び沿線は盛り上がりを見せているというわけだ。

もともと国道四一号は、富山湾で獲れた鰤《ぶり》を岐阜など内陸へ運ぶ道であったことから、「ぶり街道」と呼ばれていた。そこで出世魚である鰤のイメージとかけて、「ぶり・ノーベル出世街道」とも名づけられているという。ちなみに、この道はもともと二級国道一五五号として指定されたが、一九五九（昭和三四）年に一級国道に指定され、番号を二桁の四一号へと改めている。二級から一級へと昇格した国道はこれが初めてであり、文字通りの「出世街道」であるわけだ。

なお名古屋大学には、野依良治《のよりりょうじ》（二〇〇一年化学賞）、益川敏英《ますかわとしひで》、小林誠《こばやしまこと》（ともに二〇〇八年物理学賞）、下村脩《しもむらおさむ》（二〇〇八年化学賞）、赤崎勇《あかさきいさむ》、天野浩《あまのひろし》（ともに二〇一四年物理学賞）の各博士が籍を置いたことがある。これらを含めれば、日本人のノーベル賞受賞者二四人（米国に国籍を移した二人を含む）のうち、半数近い一一名が、国道四一号に何らかの形でゆかりがあるということになる。これはなかなかの確率ではないだろうか。

なぜこの道の沿線に、受賞者が集中しているのだろうか。富山県では「自然豊かな環境が創造的な発想を生んだ」としているが、これはあながち牽強付会とばかりもいえないように思う。

数学者の藤原正彦《ふじわらまさひこ》氏は、科学者にとって美的感覚は何より重要なものとし、それを生むには美しい環境のもとに育つことが必要と指摘している。実際、偉大な科学者には美的感覚に優れた人が多い。野依博士は、自ら設計した分子の美しさに惚れ込み、優れた機能を持つかどうかもわからない化合物を三年がかりで合成し、ノーベル賞への道を切り拓いた。二〇一五年のノーベル生理学・医学賞の受賞者である大村智《おおむらさとし》博士も、自らのコレクションで美術館を開くほど芸術に造詣が深い。美意識と科学研究は、切っても切り離せない関係にあるのだ。

国道四一号から望める北アルプスの秀麗な山容は、全国を走ってきた筆者の見てきた風景の中でも、特に印象的なものの一つだ。この素晴らしい環境は、優れた美意識を持つ研究者を育む下地としてまたとないものだ。また、中央から離れ、自由闊達な雰囲気の中で研究ができる名古屋は、独創性を生み出すのに最適の環境といえる。両者を結ぶ国道四一号沿線が多くのノーベル賞科学者を輩出したのは、単なる偶然ではないだろう。

ノーベル街道沿線では、ゆかりの地を見学するウォークラリーなども開催され、地元の盛り上げに一役買っているという。こうした、街道単位での地域振興策は、他でもいくらでも考えられよう。常陸秋そば、佐野ラーメン、群馬のおっきりこみの食べ比べができる「国道五〇号麺街道」というのもいいだろうし、唐津《からつ》・伊万里《いまり》・有田《ありた》を擁する国道二〇二号は、陶芸ファンのドライブにぴったりだろう。点在する観光資源をつなぎ、「線」としての楽しみを提供する街道の旅の企画は、新たな人の流れを生み出しうる。ノーベル街道という発想は、そのよいモデルになるものと思う。

DATA

国道
41
ROUTE

都道府県	愛知県、岐阜県、富山県
起点	愛知県名古屋市
終点	富山県富山市
路線総延長	250.4km
現道実延長	247.7km
制定年	1953年（1959年41号に昇格）

旧一級国道としては指折りの山岳路線であり、多くの峠を越える。飛騨市古川町から神岡町にかけての区間は、かつては神原峠（現・岐阜県道75号）を越えていたが、北の数河峠を経由するよう大きくルートが変更されている。

追記：

新潮社版『国道者』出版後にも、国道四一号にゆかりのあるノーベル賞受賞者が二人出ている。二〇一八年ノーベル生理学・医学賞を受賞した本庶佑《ほんじょたすく》氏は、幼い頃に富山市に在住していた。二〇一九年ノーベル化学賞の吉野彰氏は、名古屋市内の名城大学で教授職を務める。これらを合わせれば、日本出身のノーベル賞受賞者二九名のうち、一三名が国道四一号にゆかりがあるということになる（二〇二二年時点）。

国道
361
ROUTE

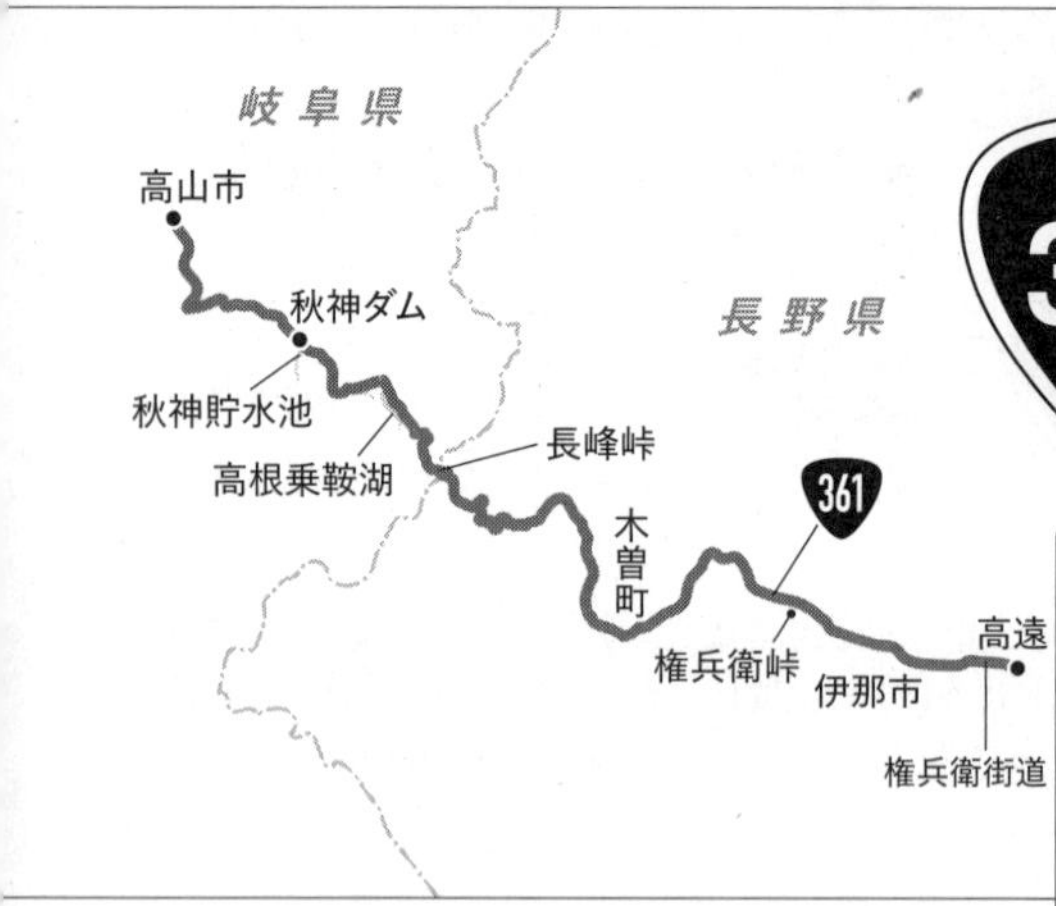

権兵衛さんの拓いた道（岐阜県・長野県）

日本において政治家というのは、（ある意味では）損な商売だと思う。彼らは、その失政をあげつらわれることはあっても、業績を讃えられることはめったにない。道路や施設を造ったことで、地元であがめ奉られることはあっても、平和条約を結んだ、経済を立て直したなどの業績で、日本の政治家が高く評価され、尊敬される場面はあまり見ない。

　このためか、政治家の名に由来する地名は、日本ではまず見かけない。首都からして初代

全長４４７０メートルを誇る権兵衛トンネル

大統領の名から採られ、多くの町にワシントン通りが存在する米国などとは、全く対照的といえる。

米国では戦艦にもロナルド・レーガンやジョージ・H・W・ブッシュなど歴代大統領の名がつけられているが、もし日本で自衛隊の艦船に元首相の名をつけようとしたら、どれだけの議論が巻き起こるだろうか。まあ、戦艦の名前が竹下登や宮沢喜一では、著しく迫力に欠けてしまうという問題もあるにはあるが。

そもそも日本では、人名でさえ武将や政治家にあやかる習慣がない。義経《よしつね》や信長《のぶなが》、純一郎や晋三といった名の子供など、まず見かけぬとしたものだ。

塩尻市にある権兵衛トンネル開通記念碑

どうもこのあたりは、日本人特有の減点評価に原因がありそうな気がする。偉大な政治家でも失政はあるし、手を汚す仕事も不可欠だ。国民全員が幸せになる、プラス面ばかりの政治など不可能に決まっている。しかし、何か一つでもマイナス点があると、無条件の敬意を払えないのが日本人なのではないか。和をもって尊しとなす国民性のゆえ、特定の個人を崇拝することを好まぬのかもしれない。

というわけで、政治家の力によってできた道路は数多いにもかかわらず、政治家に由来する道路名はめったに見かけない。あるとしても、中部横断道を「金丸道路」、道東道を「ムネオロード」と呼ぶような、権力をかさに着て通した道路を、揶揄《やゆ》するような渾名《あだな》ばかりだ。

筆者の知る例外としては、国道二九三号の伴睦峠《ばんぼく》（茨城〜栃木県境付近）がある。昭和三〇年代にこの道の修繕に力を振るった、大野《おおの》伴睦・元自民党副総裁の名を記念したものだ。大野といえば、東海道新幹線の岐阜羽島駅《ぎふはしま》を誘致したといわれ、駅前に銅像が立っていることが有名だが、北関東の道路にまでその名をとどめているとは意外であった。

もう一つ、道を通した人物にちなんだ峠名がある。国道三六一号の権兵衛峠《ごんべえ》がそれだ。とはいえ、命名の事情は伴睦峠などとはだいぶ異なる。

以前書いた通り、中部地方の山岳地帯には、南北方向に険しい山脈が通っており、国道一九号、一五三号など主要道路はこの谷筋に沿って走っている。しかし東西方向へ走る道は山越えとなるため数が少なく、険しい。三六一号はそうした貴重な道路の一つであり、日本屈指の山岳路線といえる。

この道の木曽《きそ》山脈越えの部分が権兵衛峠で、このあたりに住んでいた古畑《ふるはた》権兵衛という、十人力の大男の名に由来する。権兵衛は元禄時代に実在した人物で、今も古畑姓を名乗る子孫が地元に住んでいるという。

昔話の伝えるところによれば、権兵衛は馬を引いて峠を越え、伊那谷《いなだに》から木曽谷へ米を運ぶ仕事をしていた。しかしある日、崖崩れが起きて大岩が頭上に降ってきて、権兵衛は持ち前の力でこれを受け止めて助かったものの、引いていた馬は死んでしまった。権兵衛はこれを大いに悲しみ、安全に通れる道を造ろうとその大力を振るって、たった一人で峠を切り拓き始めた。これを見た村人も権兵衛を手伝い、数年がかりで道が完成したという。現代でいうならこの道は、地元に高速道路が開通したほどのインパクトを、木曽の民に与えたことだろう。

しかしこの道は、当然車が通れるようなものではなかった。一九七五（昭和五〇）年に国道三六一号へ昇格した後も、その険しさから長い間「開かずの国道」であり続けている。

権兵衛峠にようやく車道が開通したのは、二一世紀に入った二〇〇六（平成一八）年のことであった。四四七〇メートルという長大トンネルが掘り抜かれ、冬季でも通行可能な高規格道路として生まれ変わった。新道はかつての権兵衛峠とはだいぶ離れた場所に造られたが、名称には「権兵衛峠道路」「権兵衛トンネル」と、かつての開拓者を記念する名が冠された。政治家でなく、こうした素朴な英雄譚であれば、日本

DATA

国道
361
ROUTE

都道府県	岐阜県、長野県
起点	岐阜県高山市
終点	長野県伊那市
路線総延長	117.0km
現道実延長	106.7km
制定年	1975年

美女峠、長峰峠、九蔵峠、地蔵峠、姥神峠、権兵衛峠などなど、名前を聞くだけでも景色が目に浮かぶような峠を次々に越えてゆく道。かつては断絶区間、酷道区間を多く抱えていたが、整備が進んですっかり走りやすい道になった。とはいえ山岳路線であり、冬季の通行は注意を要する。

人も安心して讃えることができるのだろうか。
もはや使われることもなくなった旧道には、古畑権兵衛を記念する石碑が立っているという。峠の通行者の一人として、いずれこの石碑を訪ね、感謝の意を捧げてきたいものだと思うが、今のところ果たせぬままでいる。

Column 6 幻の道

国道289号甲子道路は、建設途中の地すべりで経路変更を余儀なくされたと述べた。他にも、途中まで建設されていながら、予定変更によって幻となってしまった道はいくつもある。

最も大規模な「幻の道」は、中央自動車道富士吉田線のケースだろう。山梨県大月《おおつき》市で分岐して河口湖方面へ向かう、中央道の枝線のことだ。実は、本来こちらが中央道の本線であり、この先南アルプスを貫いて飯田、中津川《なかつがわ》を経由するルートが予定されていたのだ。この経路は、現在計画中のリニア新幹線に近い。

しかし1963（昭和38）年5月に突如として、中央道は甲府から諏訪《すわ》を経て伊那谷を通過する北回りルートに変更すると発表される。このルートであれば、山岳地を長大トンネルでぶち抜く当初の計画より、当時の金額で1000億円も安く建設できるというのがその理由であった。

突然の決定に、収まらなかったのがもともと経由地とされていた身延《みのぶ》町であった。大陳情団が議員たちに当初案の遂行を訴えたものの決定は覆らず、代わりに町を南北に貫く国道52号を全面舗装整備する約束を取りつけるにとどまった。この道が、優先的に予算がつけられる一級国道に昇格したのは、中央道ルート変更決定の1ヶ月前だ。身延町民の不満を懐柔するための、布石であったと見るべきだろう。

こうして中央道は大月から西へ延伸されることとなり、富士吉田までの区間は半端な枝線として残ってしまった。不自然な経路には、やはりそれなりの理由があるのである。

Column 7　角栄伝説

政治と国道は不可分の関係にある。「××議員が造った」と噂される道は各地にあることだろう。だがその中でも、田中角栄元首相は別格だ。「道路は文化、文化は道路だ」と喝破し、道路特定財源を導入して各地の道路整備を推し進めた。功罪両面あるものの、彼がいなければ現代の日本の道路は、格段に貧弱なものであったことは間違いない。

というわけで、道路にまつわる「角栄伝説」は、全国各地に存在している。最も有名なのは、目白の自宅から彼の新潟の邸宅まで、角を３回曲がるだけで帰れるというものだろう。これは検証してみると事実で、関越道はまさに両者を一直線に結んでいるのだ。

東京から新潟を結ぶ国道１７号のルートには、魚野川《うおのがわ》を二度またぐなど、不自然な経路が見られる。これは、角栄が自分の後援会長の地元を通過させるよう指示したためという。こうした例は各地にあるが、その元祖というべきケースだろう。

６車線の高架で、高速道路並みの規模を誇る新潟バイパス・新新バイパスも、彼の力なくしてできなかったことは間違いない。また新潟や長岡の市街地の地図を見ると、いったいどれが何号かわからないほどに国道が密集し、絡み合っていることがわかる。法律の関係で国道を通せなかった佐渡島《さどがしま》に、形式上新潟市・上越市と道をつなぐことで国道350号を実現させたのも、角栄のアイディアであった。

その他、真偽不明の角栄伝説は掘れば掘るほど出てくる。良くも悪くも、不世出の政治家であったことを痛感する。

CHAP. 4 近畿編

伊勢神宮で終わる国道（三重県）

人は誰しも、他のことはよくともこれだけは譲れないという「こだわり」を持っているものだ。しかしそのこだわりは、他人からはなかなか理解し難いものであることも多い。ビールのつまみはチョコレートでなければという者もいるし、冷房もオーディオもない古い車を、後生大事に修理しながら乗り続ける者もいる。筆者の知り合いには、持っているタオルを清潔さの順に3ランクに分け、それぞれ顔・手・その他を拭くと決めている男が

23号はごく普通の国道、高規格バイパスの二面性を持つ

いる。筆者の目にはどれも同程度に汚いタオルにしか見えないのだが、彼の中では厳然とした区分があるらしい。

さて国道の世界ではどうか。ある道が国道に指定されるための資格は割に規定が緩く、幅や長さ、歩道や各種設備についての決まり事は何もない。ただ一つ国道の規定の「こだわり」は、「起点と終点は他の国道に接続して終わる」という点だ。この大原則だけはやたら厳格に守られており、バイパスが開通して幹線国道の位置が動くと、その道に接続する国道は一部が国道区間から削られたり、新たに道が国道に組み込まれたりして、接続を保つことになっている。

これは、日本の国道は「街をつなぎ、交通

網を形成するもの」という基本思想があるためだ。港や空港、高速道路のインターチェンジに接続して始まる国道もいくつかあるが、これも「交通網」を成しているという意味では、先の基本思想を守っているといえる。

ところが、主要国道でありながら、他の国道に接続せずに終わる例外もある。愛知県豊橋《とよはし》市から、三重県伊勢《いせ》市を結ぶ国道二三号がそれだ。この道は、伊勢神宮内宮の前でいきなりぶつりと終わる。全国には四五九本の国道があるが、こういう終わり方をする道は非常に珍しい。

国道二三号の前身は、伊勢街道だ。東海道から日永《ひなが》の追分（現在の三重県四日市《よっかいち》市追分）で分岐し、伊勢へと至る区間を指す。言うまでもなく、皇室ゆかりの伊勢神宮へと続く信仰の道であり、極めて古い歴史を持つ。

平安時代末期まで、伊勢神宮へ参るのは皇族のみとされていたが、時代が下るにつれて徐々に伊勢信仰は広がりを見せ、室町期には多くの庶民が詰めかけるようになる。一五世紀末ごろには、桑名《くわな》から日永の一八キロほどの間に関所が六〇ヶ所も設けられ、それぞれ通行料を徴収したというから、その繁栄ぶりがわかる。

しかし伊勢参りの人気が本当に高まるのは、江戸期に入ってからだ。約六〇年周期で「おかげ参り」の爆発的なブームが起こり、年間三〇〇万人を超える民衆が押し寄せたのだ。当時の日本の人口は三〇〇〇万人程度であったから、その一割以上が参集するという一大イベントであった。お伊勢参りは庶民の憧れであり、かの『東海道《とうかいどう》中膝栗毛《ちゅうひざくりげ》』の弥次喜多《やじきた》道中も、伊勢参りの旅を舞台としている。その結果、伊勢街道沿線は経済的にも潤ったし、各地の情報や物資が集まる一大拠点ともなっていた。

明治に入るとおかげ参りのブームは沈静化するが、代わって伊勢神宮は国家神道の聖地に祭り上げられる。一八八五（明治一八）年には、「東京ヨリ伊勢宗廟ニ達スル路線」が、国道九号として指定された。さらに国家主義の強まった大正期には、東京〜伊勢神宮間が国道一号となる。伊勢街道は、名実ともに日本のメインストリートとなったのだ。

戦争が終わり、国家主義の時代が過ぎると、それに合わせるように伊勢街道は国道一号の座を東京〜大阪間に譲る。大正の国道一号からは、本来の伊勢街道部分である四日市市以降のみが切り離され、国道二三号を名乗ることとなった。

だがこの時も伊勢神宮の終点は変更されることなく、かつてこの道が国家の最重要道路だった時代の名残を今に伝えている。

しかし、国道一号と二三号の因縁は、ここで終わったわけではなかった。昭和三〇年代から、愛知県内の国道一号の渋滞緩和のため、豊橋〜豊明《とよあけ》間を結ぶ名豊道路、豊明〜四日市を結ぶ名四バイパスが相次いで建設されたのだ。これらは当初国道一号バイパスとなる予定だったが、結局国道二三号に組み込まれた。その名残で、四日市付近の二三号には、豊橋でなく東京からの距離を示すキロポストが立っている。この道の複雑な歴史を物語る遺物だ。

二三号は、今や豊橋、豊田、名古屋、四日市など、伊勢湾岸をぐるりと周回し、中京工業地帯を結ぶ大動脈へとその性格を変えた。名四バイパスは高速道路に劣らぬ規格の道であり、昼夜を問わず大型トラックが疾走している。重工業を支える国内有数のバイパスと、日本最大の聖地へ向かう道をつないで一本の道に仕立ててしまったあたりに、道路行政のカオスぶりが表れていて、実に面白いと思うのである。

D　A　T　A

都道府県	愛知県、三重県
起　　点	愛知県豊橋市
終　　点	三重県伊勢市
路線総延長	244.8km
現道実延長	213.8km
制　定　年	1952年

道路法第5条の4には、「国際観光上重要な地」と、幹線国道を結ぶ道は国道になりうると規定されており、国道23号はこれに該当すると思われる。こうした国道としては、日光東照宮前を起点とする119号と120号、国営沖縄記念公園前を起点とする449号、505号がある。

国道 42 ROUTE

伊勢湾を飛び越える国道（静岡県・愛知県・三重県・和歌山県）

道幅が狭い、ガードレールがない、落石だらけなどなど、国道とは思えぬような整備状態の道を「酷道」と呼び、こうした道を好んで訪れるマニアが結構な数存在する、とは先述の通りである。

そうしたマニアたちが走りたがる「酷道の聖地」はどこかといえば、その筆頭は紀伊半島である。ほぼ一万平方キロメートルにも及ぶ日本最大の半島の大半は、山また山の一大秘境だ。「紀伊の国」の語源は「木の国」だ

南国ムード漂う国道42号

という説があるくらいで、どこまでも続く樹海が半島一面を覆い尽くしているのである。南朝の天皇たちが神器を抱えて隠れ住んだ吉《よし》野《の》も、僧侶たちが厳しい修行に明け暮れる高《こう》野《や》山《さん》も、みな紀伊半島の山の中だ。

紀伊半島の道路事情を示す例として、よく挙げられるのが和歌山県北山《きたやま》村だ。この村は三重県と奈良県に挟まれており、和歌山県本体からは離れた飛び地になっている。かつて、北山村にはよそへ通じるまともな道がなく、川による水運で下流の新宮《しんぐう》市に出るしか交通手段がなかったため、和歌山県に編入されたのだ。そのくらい、紀伊半島奥地は道路整備が行き届いていない。現在でも、この半島内陸部を行く国道は、ほぼ全てが酷道区間を抱えているといっていい。

そんな紀伊半島の、唯一といっていい幹線道路が国道四二号だ。半島西側の和歌山市からぐるりと海岸沿いを回る道で、特に和歌山県民にはマザーロードと呼ぶべき存在だ。県内の移動のために四二号を使うのはわざわざ遠回りしているように見えるが、実はこの道を走るのが一番速い。内陸を行く国道四二五号などは一見近道に見えるのだが、うかつに入り込んでしまうと、断崖上の狭隘路をどこまでも走らねばならなくなり、大げさでなく地獄を見るはめになる。というわけで、国道四二号は紀伊半島南部の交通をほぼ一手に引き受けており、南紀白浜など観光地も多いから、渋滞もかなり酷い路線である。

さてその国道四二号の東側はどこまで延びているか、おそらく和歌山や三重の住民でもご存知ない方が多いのではないか。実はこの道、静岡県の浜松市まで行っているのである。そして奇妙なことにこの道は完全につながっておらず、二〇キロ近くに及ぶ分断区間があるのだ。

国道四二号は紀伊半島をぐるりと回った後、三重県鳥羽《とば》市で海に当たって途切れる。しかし伊勢湾をまたいだ愛知県の伊良湖《いらご》岬で再び姿を現し、渥美《あつみ》半島南岸を走って浜名湖畔に達している。鳥羽〜伊良湖岬間はこの道の「海上区間」であり、「実際の道路はないが国道はつながっている」という建前だ。離島へ行く国道などで、海上区間を持つ道はいくつかあるが、本州のみを走る国道でありながら、このように海で道路が完全に分断されているケースは異例に属する。

この妙な経路はどうやってできたか、歴史を追ってみよう。この道の原型は、一九五三（昭和二八）年に指定された国道一七〇号で、和歌山市から始まって三重県松阪《まつさか》市までの路線であった。この時代の旧道をたどってみると、路面状況など実に悲惨であり、南紀が事実上陸の孤島であったことが伝わってくる。

一九五九（昭和三四）年、二級国道一七〇号は、松阪市〜津市の区間が組み込まれて一級国道へと昇格し、その証として二桁の四二号という番号を与えられる。一級国道になれば優先的な整備が行われるから、全国各地からの陳情が押し寄せていたが、これを勝ち抜いての昇格であった。他地域への連絡路の確保は、文字通り南紀の死活問題であったのだ。

この道にもう一度転機が訪れるのは、一九九三（平成五）年のことだ。いったん組み込まれた松阪〜津間が削られ、四二号は鳥羽へ向かうよう経路が変更された。そして、海を隔てた渥美半島に走る県道が組み込まれ、新生国道四二号が誕生したのだ。

この不自然な経路変更の意図するところは、海を越えて伊良湖岬と鳥羽をつなぐ、「伊勢湾口道路」の建設に向けた布石なのだろう。すでに地域高規格道路候補路線に指定され、新東名などに接続するプランが提出されている。

しかし実際のところ、伊良湖水道は距離二〇キロ、最深部一一二メートルにも達し、アクアラインや本四架橋とは比較にならぬほど条件が厳しい。二兆円ともいわれる建設費から考えても、実現可能性は限りなくゼロに近そうだ。陸の孤島から発し、先へ先へと延びてきた四二号の発展も、どうやらここまでだろうか。

国道四二号の経路変更史からは、外界へ出たい、よそとつながりたいという、人間の本能のようなものが透けて見える気がする。良くも悪くも、それが歴史を、時代を動かしてきた原動力の一つであるのだろう、と思う。

D A T A

都道府県	静岡県、愛知県、三重県、和歌山県
起点	静岡県浜松市
終点	和歌山県和歌山市
路線総延長	522.4km
現道実延長	425.7km
制定年	1953年（1959年42号に昇格）

42は「死に」に通じるため縁起が悪い番号とされ、車のナンバープレートでは下2桁が42は欠番となっているが、国道番号ではそのような措置はない。この国道を「黄泉の国へ続く道」と見立てた『ROUTE42』という映画が、2013年に公開されている。

追記：
長らく道路事情の悪かった紀伊半島も、阪和自動車道・紀勢自動車道の延伸が進んでおり、国道四二号頼みの状況から徐々に抜け出しつつある。

国道 308 ROUTE

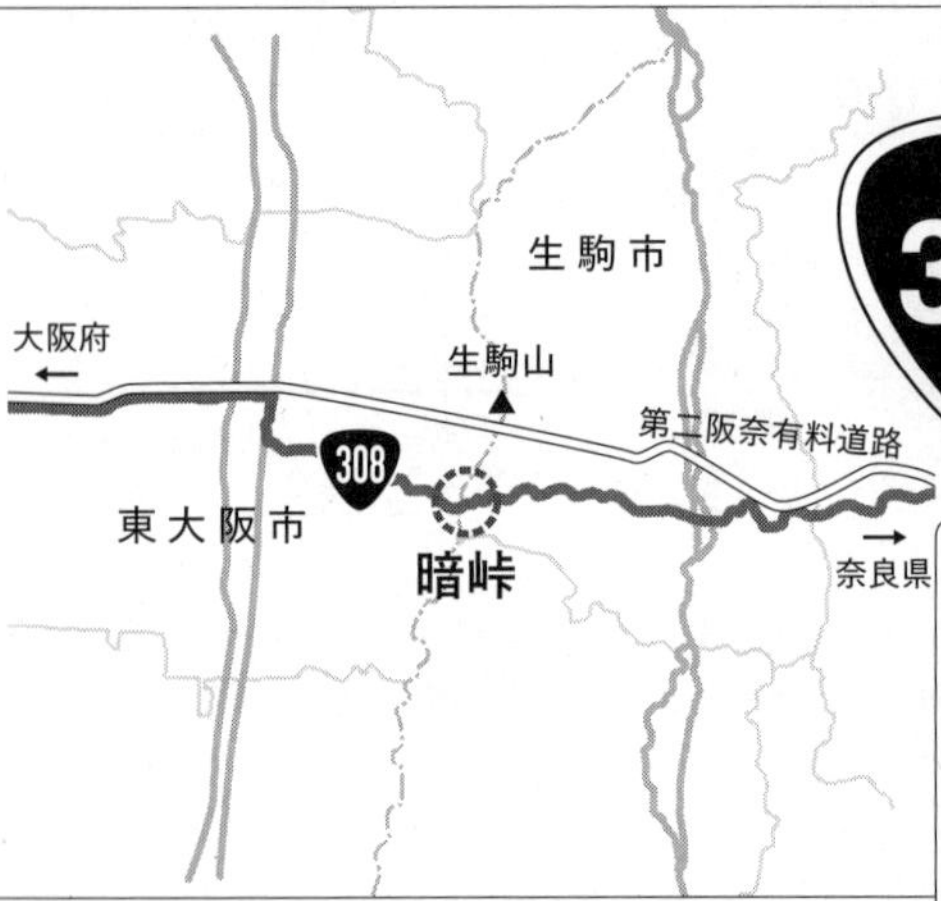

恐るべき道、暗峠（大阪府・奈良県）

大学関係者が逮捕されて新聞沙汰になった例を調べてみた人がいる。大学別で最も多かったのは、なんと東京大学だったそうだ（小林哲夫『ニッポンの大学』講談社現代新書）。

もちろん、東大の学生や教員に、悪人ばかりが揃っているというわけではない。大したことのない事件でも、東大関係者だとなると新聞に取り上げられてしまうのだ。「優等生の犯罪」「エリートの裏の顔」といったお話は、人々の興味を惹きつけずにおかないらし

実際の坂は写真以上に急に感じられる

い。

　さて、道路界のエリートといえば国道である。何しろ日本国が特に指定した道だ。多くは整備も行き届いており、交通量も多い。特に地方においては、その存在感と安心感は格別なものがある。

　ところがそのエリートたる国道に、ごくたまに酷い道路が混じっているのだ。センターラインがないくらいは序の口で、対向車が来たらよける場所がないとか、落石や苔で走行困難だとか、切り立った崖の上を通過し「落ちたら死ぬ!!」と立て看板が立っているものまである。現物を見るまでは信じ難いような悪路が、平然と国道として指定されているのだ。

しかしどうしたわけか、こうした酷い国道、すなわち「酷道」を愛好する者たちが、世の中には少なからず存在する。試しに「酷道」でネット検索してみれば、愛好家による走行レポートや動画が驚くほど引っかかってくる。酷道の本やＤＶＤも多数発売されているほどで、想像より遥かに厚いマニア層が存在するのだ。

何が楽しくて、彼らはわざわざそんな道を走りに行くのか。ひとつには、冒頭で述べた「エリートの裏の顔」に対する興味だろう。国家が指定した道といういかめしい肩書きと、ぼろぼろで狭苦しい路面のギャップは、妙に人を惹きつけるのだ。うわあ、何でこれが国道なんだよとつぶやきながら、満面の笑みを浮かべて彼らは山中を走るのである。

そうした酷道の中でも、国道三〇八号は特に有名なものの一つだ。大阪の心斎橋《しんさいばし》から奈良市の中心部をほぼ一直線に結んでおり、地図上で見れば重要な幹線道路そのものだ。

しかもこの道は、奈良時代に切り開かれた、極めて由緒正しい道だ。平城京と難波《なにわ》津《つ》を最短距離で結び、大陸文化がこの道を通って奈良の都に運び込まれた。江戸時代には参勤交代にも用いられ、松尾芭蕉《まつおばしょう》がここで詠んだ句碑も残されている。まさに歴史の道であり、「日本の道一〇〇選」にも選ばれている。ところがこの三〇八号の実態は、恐るべき峠道だ。名前からして暗峠《くらがり》というのだから、只事ではない。つづら折りでなく、ほぼ一直線の道で生駒《いこま》山地を乗り越えるため、とにかく勾配が凄まじく、最大勾配は三一パーセント（八尾《やお》土木事務所による数値）にも達する。実際、あまりの急坂で馬の鞍が引っくり返りそうになったことから「鞍返り峠」と名づけられ、それが訛って「暗峠」になったという説があるのだそうだ。

道幅も車一台がやっとで、対向車でも来た日には目も当てられないのだが、困ったことに案外交通量が多い。沿道には住宅が多いし、大阪の街を一望できる夜景スポットとしても人気があるのだ。

沿道には不法投棄された粗大ゴミが転がっていたりもして、残念ながら歴史の道としての風格は皆無だ。峠の頂上付近には幅一・三メートル制限の標識も立っているから、ここを通る車は全て道交法違反ということになる。「道路狭小につき通り抜けご遠慮願います」という看板さえあり、国道でありながら車を通す気は爪の先ほども窺えない。これほどまでに肩書きと中身のギャップが激しい道も、なかなかないのではなかろうか。

しかし、なぜこんな道が国道指定されたのだろうか。理由はこのすぐ北を通る、第二阪奈有料道路にある。この道は一見高速道路に見えるのだが、法律上は国道三〇八号のバイパスなのだ。要するに第二阪奈を建設する際、既存の道の改良という体裁をとるため、暗峠はいわばダミーとして国道指定されたと見られる。

通常の場合、バイパスが全通すればこちらが国道になり、暫定国道は指定を外される。しかしバイパスがこうした有料道路である場合は、償還期限が過ぎて無料化されるまで、旧道も国道であり続けるのが通例だ。とすれば暗峠は、まだ少なくとも十数年は、酷道の名に甘んじなければならないようだ。

それにしても、仮とはいえ国道に指定しておきながら、五十数年もほとんど整備せずに、あまりに危険な状態のままに放置しているのは、どうかと思う。まさか暗峠を整備することで、第二阪奈の利用者が減ることを危惧しているわけでもあるまいが。せっかくの歴史の道、せめて命がけでなしに走れるようにはできないのだろうか。このままでは、日本の道一〇〇選の名が泣いてしまう。

DATA

国道 308 ROUTE

都道府県	大阪府、奈良県
起点	大阪府大阪市
終点	奈良県奈良市
路線総延長	35.1km
現道実延長	33.8km
制定年	1970年

暗峠の標高は455mとさほど高くないが、古い登山路をそのまま国道指定しているため、幅も勾配も車の走行を意識した設計になっていないのが厳しさの原因だ。頂上付近、信貴生駒スカイラインと交差するあたりは石畳になっており、あらゆる意味で国道らしからぬ道だ。

追記：

二〇一五年、関西のテレビ局の報道番組で、峠頂上付近にあった幅一・三メートル制限の標識が取り上げられた。調査の結果、この制限が実態に合っていないことが確認され、標識は撤去されてしまった。道路ファンたちの間に痛恨の叫びが飛び交ったのは言うまでもない。

国道
166
ROUTE

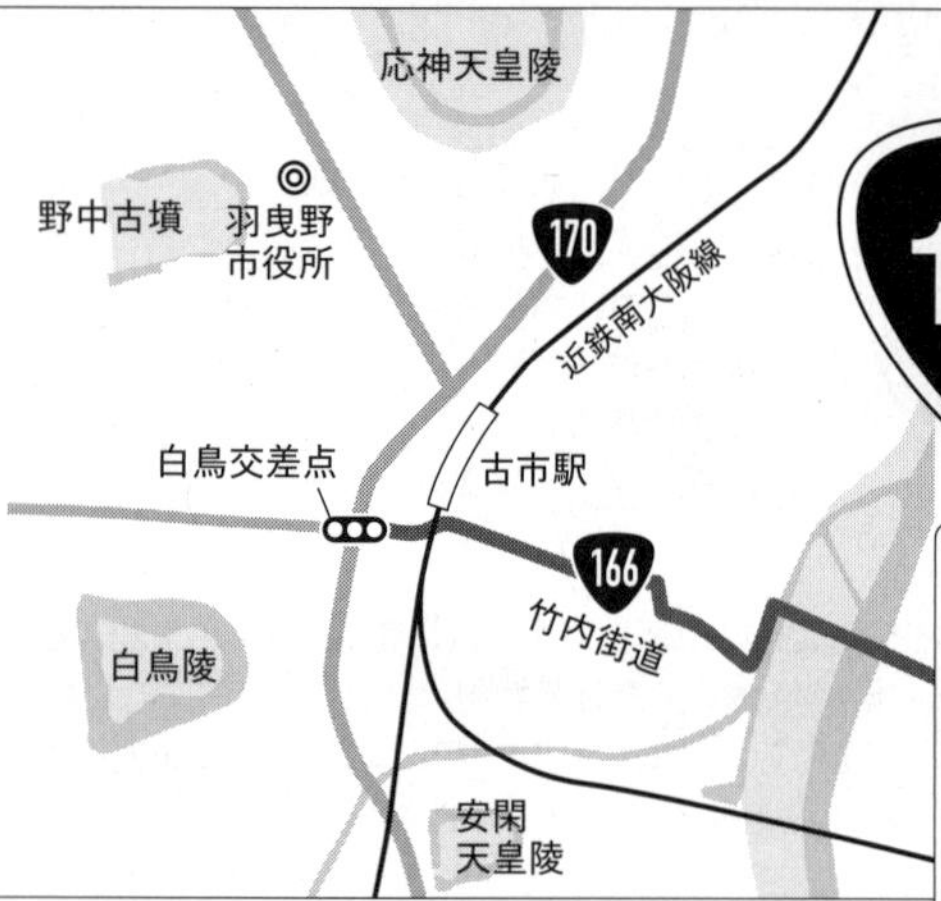

最古の国道は町中の「酷道」（大阪府）

先日、ふと出来心を起こし、大学時代に住んでいた東京・杉並《すぎなみ》の安アパートを訪ねてみた。筆者は方向感覚には自信がある方なのだが、どうにもかつての住処《すみか》にたどり着けなかった。まわりの町並みがすっかり変わってしまい、まるで記憶をたどれなかったのだ。都市の移り変わりの激しさを、改めて思わされた一日であった。

　こうして変わりゆく都市の中にあって、最も変化しにくいのは、おそらく道路という存

歴史の道とはとても見えぬ、雑然とした佇まいの国道166号

在だろう。もちろん、舗装されたり街灯が整備されたりといった変化はある。しかし現代の国道のルートは、基本的に鎌倉期や戦国期にできた街道の道筋を受け継いでいる。歴史上の人物たちが颯爽と駆け抜けたのと同じ道を、いま自分も踏みしめていると思えば、誰しもロマンを感じずにはいられまい。旧街道の散策が人気を呼ぶのは、こうした心理のおかげなのだろう。

では、最も古い「国道」は、どこにあるのだろうか？　「国が管理する道」という意味であれば、奈良県葛城《かつらぎ》市と大阪府堺《さかい》市を結ぶ竹内《たけのうち》街道がそれに該当する。『日本書紀』には六一三（推古二一）年に設置されたとあるから、一四〇〇年以上の歴史があるわけだ。

近鉄古市駅近くの踏切。無情にも車両進入禁止の標識が行く手を遮る

花の都・奈良と、大陸の先進文化がやってくる難波津を結ぶ道こそ、朝廷にとって最重要であったのは当然だ。「奈良の正倉院《しょうそういん》はシルクロードの終着駅」といわれるが、となれば竹内街道こそが、壮大なユーラシア東西交流の最東端を担っていたといえるだろう。その他、壬申《じんしん》の乱の際、大友皇子《おおともみこ》の軍がこの道を選んだとか、付近に松尾芭蕉が一時期滞在していたといった話もあるから、竹内街道こそはまさに歴史の道と呼ぶにふさわしい。

となれば、道路好きとしては一度は訪れてみる他ない。竹内街道はほぼ現在の国道一六六号に当たっているから、経路をたどるのは容易なはずだ。ところが一六六号の起点、大阪府羽曳野《はびきの》市の白鳥《しらとり》交差点に立ってみると、あれっと首をひねることになる。交差する国道一七〇号に立てられた看板に、一六六号の表記がないのだ。左折した先は近鉄古市《ふるいち》駅との表示のみがあり、その先は車両通行止めとある。そんなバカなことがあるか、ここから国道が始まるというのに、いきなり通行止めのわけがない。

ハンドルを切ってみると、そこに待っていたのはどうにも国道らしからぬ道であった。路上駐車の車と歩行者をかき分け、そろそろと車を進めると、近鉄線の踏切に行き当たる。しかし無情にも踏切には、車両進入禁止の標識がドンと設置されている。何だそりゃ、である。国道の一方通行は他にもあるが、スタート直後にいきなり足止めを食わす道は、さすがに珍しい。

仕方なく車を降り、徒歩で踏切を渡ると、そこは本当に狭い路地だ。制限速度は時速二〇キロ、路上駐車も多いので、車での走行には全く向いていない。道はくねくねと曲がり、古い家並みが行く手をふさいで、よそ者の通り抜けを拒否するかのようだ。しばらく歩くと真新しい住宅が並ぶエリアに出るが、地図とにらみ合わせてみると、そこは国道ではなかった。

一六六号は、あくまで旧市街の中を縫うように、相変わらず手狭なままに進んでいる。山の中の「酷道」はそこここにあるが、都市の真ん中の酷道は珍しい。この、単なる路地としか見えぬ奇態な国道区間は、広くなったり狭くなったりを繰り返しつつ、二駅隣の上ノ太子《かみのたいし》駅付近まで数キロメートルにわたって続いている。

実はこの狭苦しい道こそ、かつての竹内街道そのものだ。東高野《ひがしこうや》街道との交点には公園が整備されており、この道の歴史を刻んだ石碑が立てられている。沿道には民家が密集し、かつての面影は全く感じられないが、これこそが日本最初の「国道」であったのだ。

しかし、車社会の現代にあっては、この道は国道としての機能をまるで果たしていない。なぜこれが国道たり得ているか、どうやらその理由は、前項の暗峠と同様この南を走る南阪奈道路建設のためだったようだ。

新しい道路を通すには、「狭隘区間解消のため」といった理由が必要となる。要は、南阪奈道路建設の理由付けのため、ダミーとしてかつての竹内街道を一九七五（昭和五〇）年に国道として指定したと見られる。それまでの一六六号は奈良県大和高田《やまとたかだ》市〜三重県松阪市間であり、羽曳野〜大和高田はこの時に延伸された区間だ。

それにしてももう少し整備できないものかとも思うが、この付近は「古市古墳群」

DATA

国道 166 ROUTE

都道府県	大阪府、奈良県、三重県
起　　点	大阪府羽曳野市
終　　点	三重県松阪市
路線総延長	130.6km
現道実延長	122.4km
制　定　年	1953年

国道166号は、全体としては羽曳野から松阪まで、紀伊半島を横断するように走っている。途中、竹内峠付近にはかつての旧街道が残されている。奈良～三重県境の高見峠のループ橋は、この道の見どころの一つ。起点付近を除けば走りやすい道だ。

に近いエリアであり、応神《おうじん》天皇陵を始めとする巨大古墳が密集している。遺跡や史跡だらけで、なかなか工事もままならないのだろう。

近所の店員や駅員に尋ねてみたが、この道が古代からの街道であることも、現役の国道であることも知らないようであった。来歴を知られることもなくただそこにあり、黙々と機能を果たす。道路というものの、あるべき姿なのだろう。

車線を削られた阪神国道（大阪府・兵庫県）

自分が子供の頃と比べて、身の回りで最も大きく変わったことは何だろうか。ふだんはあまり気にしないが、パソコンの記憶媒体ほど飛躍的に変わったものはないのではないか。筆者が初めて手にしたフロッピーディスクは、確か三二〇キロバイトだったと記憶しているが、いま目の前にあるパソコンのハードディスクは、三テラバイトという恐ろしい数字だ。三〇年ばかりの間に、記憶容量は一千万倍近くも向上したことになる。十倍でも凄いと思

国道43号には遮音壁が張り巡らされ、大型車は中央を走るよう促される

うのに、一千万倍とはいったい何ごとか。技術の進歩とは実に恐ろしいものとしか言いようがない。

しかしもっと恐ろしいのは、その巨大な記憶容量を、我々が数年で使い切ってしまうことだろう。パソコンを買うたび、こんな馬鹿でかい記憶容量など絶対使い切れないだろうと思うのだが、気がつけば数年であっさり満杯になっている。非現実的なまでの容量を埋め尽くしてしまうデータの大群は、いったいどこからやってくるのであろうか。

いくら拡張してもまたすぐ満杯になるのは、道路も同じことである。一車線の道が混み始めたから二車線に拡幅し、それでも渋滞するから四車線のバイパスを造り、という具合で、新しい道ができるたびに車はどこからか流れ込んでくる。しかし狭い日本に、だだっ広い道路を造る場所など、そう余っているはずもない。拡幅はしたし土地はなしというのは、日本の大都市に共通する悩みだろう。

ところが、世の中にはわざわざ広い道路の車線を削り、「減幅」を行った道がある。関西の大幹線、国道四三号がそれだ。

大正期まで、阪神間の交通は古くからの中国街道に頼っており、車のすれ違いもままならぬ状態であった。これに代わる阪神国道（のちの国道二号）が完成したのは昭和初年のこと。しかしこれも、周辺市街地や阪神工業地帯の発展により、昭和一〇年代には手狭となっていく。これに代わる道の建設を求める声は戦前から高まっていたが、用地取得が始まったのは戦後の一九四六（昭和二一）年になってからだ。すでに市街地として発展していた阪神間で、こうして広い建設用地を確保できたのは、戦時疎開の名目で周辺の商店を追い出していたからとの話もある。この地における住民と道路行政の宿命的対立は、戦時中すでに始まっていたわけだ。

大阪市西成《にしなり》区から、神戸市灘《なだ》区へ至る区間が、二級国道一七三号として指定を受けたのは一九五三（昭和二八）年のことだ。幹線道路たる国道二号の交通を引き受け、渋滞を緩和するための指定であった。さらに一九五八（昭和三三）年にはその重要性が評価され、一級国道四三号へと昇格を果たす。こうした追い風を受け、最大で片側五車線という当時全国有数の道路が完成したのは、大阪万博が開催された一九七〇（昭和四五）年のことであった。人間でいえば、先輩のサポート役だった新人社員が順調に出世コースに乗り、先輩を追い抜く勢いで仕事をしているといったところだろうか。しかしこれでも増大する交通量はさばき切れず、七〇年代には四二号の上空に、阪神高速三号線が建設される。道路を造っても造ってもまた渋滞してしまう、高度成長期とはそんな時代であった。

貪欲な成長には、必ず痛みも伴う。爆発的に増えた自動車とトラックの大群は、周辺に耐え難いほどの騒音と振動、有害な排気ガスをまき散らした。喘息《ぜんそく》などの公害病も発生し、ついに周辺住民は訴訟を起こす。数度に及んだ訴訟で、四三号及び阪神高速道路が住民に与える苦痛は受忍限度を超えていると認定され、対策が打たれることになった。

結果、一九八二（昭和五七）年に片側五車線の道路は四車線に削減された。さらに、一九九五（平成七）年には阪神・淡路大震災が発生、四三号の上を走る阪神高速が倒壊する大きな被害が出た。この復興の際、四三号は三車線へと削減されて今に至っている。削られた場所には街路樹と防音壁が設置され、少しでも騒音を防ぐ措置がなされた。

現在の四三号は、多くの区間で制限速度が時速四〇キロに抑えられており、異常な数のオービスが目を光らせている。広い道をそろそろと走る車の大群は、初めて見るとなかなか異様な光景だ。

兵庫県内では、大型車は通常と逆に一番右側のレーンを走るべしというルールが策定され、少しでも振動と騒音を抑える努力がなおも続けられている。住民の苦痛を考えればやむを得ぬところだろうが、今の四三号は手足を縛られて力を振るえぬ巨人のようで、何か悲しくもある。

近年は排気ガスの浄化技術も進歩し、大気汚染もかつてほどの問題にはならなくなった。騒音と逆位相の音を発し、「音で音を消す」技術も取り入れられつつある。住民もドライバーも快適に過ごせるようになる日は、そう遠くはないのではないだろうか。

D A T A

国道
43
ROUTE

都道府県	大阪府、兵庫県
起　点	大阪府大阪市
終　点	兵庫県神戸市
路線総延長	30.0km
現道実延長	30.0km
制定年	1953年（1958年43号に昇格）

国道２号、阪神電鉄、阪急神戸線、JR東海道本線などがずっと並走する。阪神間特有の、地層のように積み重なった交通インフラの一翼を担う。甲子園球場やユニバーサル・スタジオ・ジャパンは43号の沿線であり、今や押しも押されもせぬ関西の大幹線となっている。

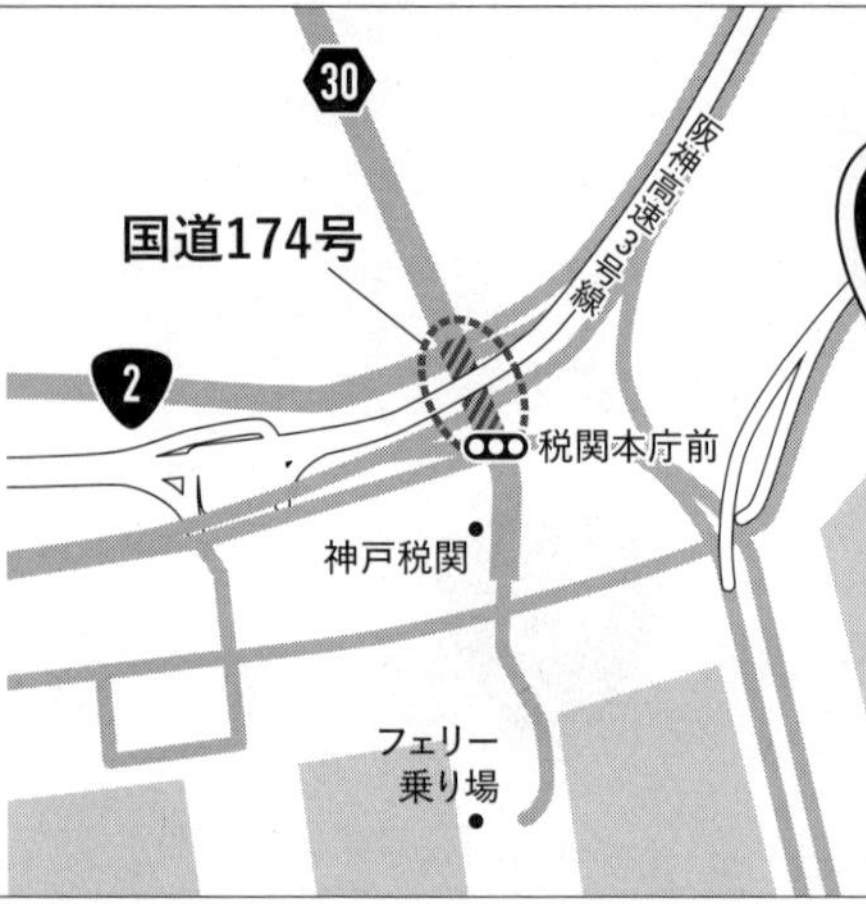

国道
174
ROUTE

神戸税関前に「最短国道」（兵庫県）

ルールというものは厳しい方がよいのか、それとも緩い方がよいのだろうか。厳しければ管理はしやすいが、柔軟性は失われる。緩いルールでは変化に対応しやすいが、不祥事などの温床にもなりうる。これは、永遠の課題なのだろう。

　では国道に関する規定はどうか。お役所のやることだから細かいのかと思いきや、基本的には意外に目が粗い。

　たとえば国道というジャンルの中には、細

国道174号。写真一枚にほぼ全景が収まる

かな法的分類は存在しない。長い幹線道路も狭い畦道も、全て一緒くたに「一般国道」という一カテゴリーに押し込まれているのだ。そこらの高校の野球部員からメジャーリーガーまでを全て「野球選手」として一括りにしているようなものだから、乱暴といえば乱暴な枠組みだ。

まあこれも、実際には運営上重要な知恵なのだと思われる。何しろ国道は道路法で管理されているので、何か変更するには国会での議決が必要になる。道路の拡幅や新規建設は頻繁に行われるが、そのたびにカテゴリー変更で法改正を必要とするのでは、非効率極まりない。

というわけで今や長短広狭あらゆる道路が、

国道を名乗っている。日本最短の国道は、最長の四号（東京〜青森）の、わずか四千分の一ほどの長さに過ぎない。そのくせ一七四号という一丁前の番号を名乗っているから、何やら可笑《おか》しくなる。

その一七四号は、兵庫県神戸市にある。神戸港に近い「税関本庁前」交差点から、国道二号交点までが一七四号だ。市役所や、関西の冬の風物詩である神戸ルミナリエの会場にもほど近く、街の中心部といってよい場所だ。その距離はわずか一八七・一メートル、筆者も車で訪れたが、一七四号完走に要した時間よりも、手前の信号に引っかかっている時間の方が長かった。

ただし一七四号は、ほとんどが阪神高速道路などの高架の下を通っており、全体に陽の当たらない国道だ。というわけでこの道は、一〇万分の一程度の道路地図では表示さえされず、五万分の一縮尺でようやく、二号から盲腸のようにぴょこんと生え出た姿を確認できる程度だ。

何でまたこんな短い道が国道になってしまったのだろうか。実は道路法では、重要な港や空港と、主要国道を結ぶ道を、国道とすると決められている。一七四号はこの規定に従い、神戸港と国道二号とを結ぶために指定されたのだ。

当初の一七四号は、ＪＲ三ノ宮《さんのみや》駅付近まで伸びており、現在の五倍ほどの長さだった。しかしバイパスの開通によって二号が海側へ移動したために距離が削られ、一三〇号（東京都港区）などを抜いて最短国道の座に就いたという経緯がある。

このように港と幹線国道を結ぶタイプの国道を、マニアは「港国道」と通称する。全国に一五路線が存在し、ほとんどが数キロメートル以下の短い道だ。

だがこれら港国道のリストを見ると、どうも首をひねりたくなる。小さな漁港でしかない舞鶴《まいづる》港には一七七号が延びているのに、これより遥かに大規模な千葉港・水島《みずしま》港・苫小牧《とまこまい》港などに港国道はない。羽田・成田・那覇などには港国道があるのに、伊《い》丹《たみ》空港や中部国際空港にはない。どういう基準なのか、全くわからないのだ。

現存する港国道も、中途半端なものが多い。羽田空港へ向かう一三一号は、空港中心よりずっと手前で途切れており、旅行者の役には立っていない。当初はここまででよかったのだろうが、空港が東京湾へ向けてぐっと拡大した現在では、アクセス路の役割は首都高速湾岸線に取って代わられ、一三一号は今や何とも間抜けな状態になってしまっている。この状況は、一七四号もほぼ同じだ。港国道の本来の趣旨を考えれば、沖合のポートアイランドまで一七四号を延長し、スムーズな物流に資するべきと思える。でなければいっそ廃止してしまう方がすっきりしそうだが、要は法改正が面倒でずっと放置されているのだろう。

明治期に最初に制定された主要国道は、横浜港・神戸港・長崎港など、東京から各地の港を結ぶ形で定められた。生糸の輸出で外貨を稼ぐことが当時の最優先課題であったから、これは当然だろう。港国道という規定は、こうした考え方の名残といえる。しかし海上輸送が交通網の主役から降りた今、港国道はその姿も意味も、盲腸を思わせる存在に成り果てた。

規定は厳しい方がよいのか、緩い方がよいのか。変えやすい方がよいのか、簡単に変更できない方がよいのか。港国道のありさまを見ていると、ついいろいろなことを考えてしまう。

D　A　T　A

都道府県	兵庫県
起　　点	兵庫県神戸市
終　　点	兵庫県神戸市
路線総延長	0.1871km
現道実延長	0.1871km
制　定　年	1953年

明治の国道体系では、貿易に必須な港湾への道が優先整備された。東京から神戸港へ向かう道は国道３号の番号が与えられていたから、いかに重視されていたかわかる。その後裔に当たる174号は、短距離ながらも日本の交通と経済を支えてきた、誇り高き道なのである。

Column 8 国道のルーツは街道

国道はどうやって生まれるのだろうか？　多くはそれまで都道府県道であった道が、国道に昇格してできる。さらにその元をたどると、ほとんどの場合古くからの街道に行き着く。

たとえば江戸時代の「五街道」を見ると、東海道は国道１号、奥州街道は４号、甲州街道は20号へとほぼそのまま引き継がれている。

原型となる道路のなかったところに一から造られた国道は、298号（東京外環）や357号（東京湾岸道路）など数少ない。

かつての街道はそのまま国道になったわけではなく、拡幅やバイパス造成などを経て姿を変えていることがほとんどだ。地図をにらみつつ、かつての街道がどういう経路であったか探ってみるのも楽しい。

Column 9 短い国道、長い国道

国道にも長短いろいろあるが、短い国道ランキングの上位はいずれも港国道が占めている。174号の次に短いのは東京都港区の130号（482メートル）、以下門司市の198号（618メートル）と続く。ただし189号は、総延長約2.9キロの大半が188号との重複区間であり、実質的な距離は360メートルほどである。

このように、他の国道との重複区間やバイパス区間、海上区間をどう扱うかで、長さのランキングは変動する。

全てを含めた総延長で最長なのは国道58号（鹿児島市～那覇市）で、879.6キロある。以下国道４号（東京都中央区～青森市）の836.4キロ、９号（京都市～下関市）の798.3キロがトップ3だ。ただし58号は海上区間がほとんどで、実質的な道路は244.9キロほどしかない。

CHAP. 5
中国・四国編

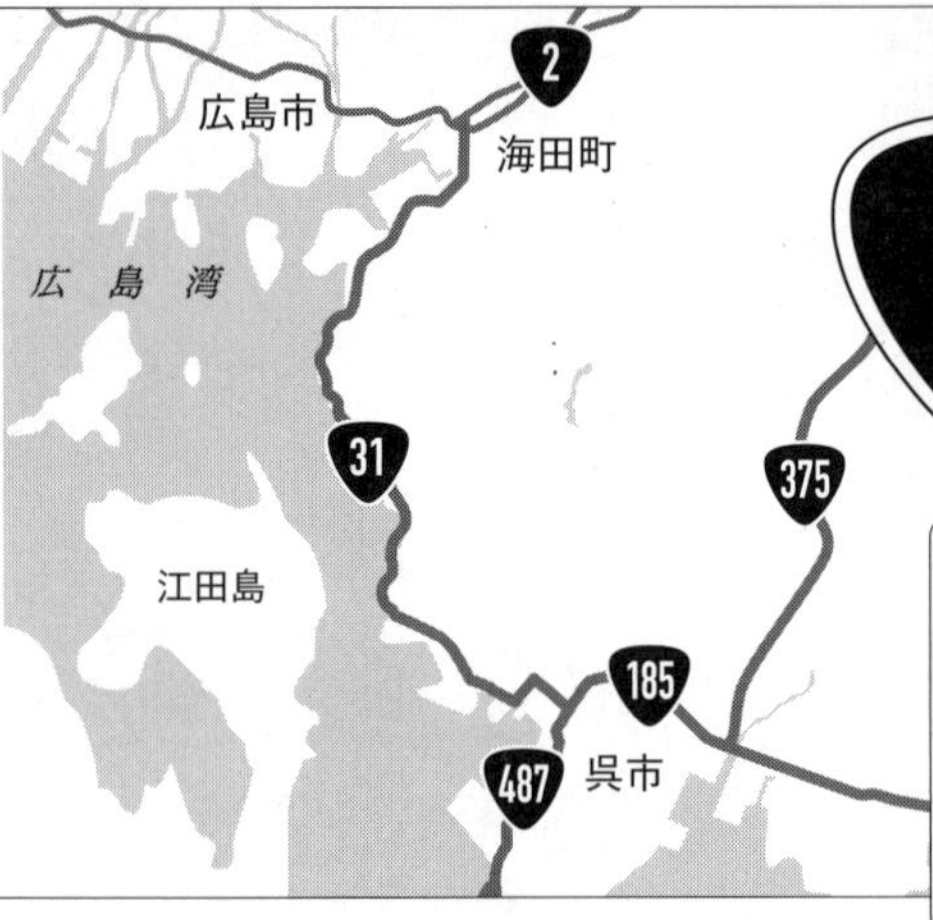

国道 31 ROUTE

生き残った「海軍国道」（広島県）

専門家と一般人の最も大きな違いは、いったい何だろうか。筆者が思うに、それは「違和感」を感じ取る能力ではないかと思う。優れた医師は、患者の会話の端々、ちょっとした体調の変化から、体内奥深くの病巣の存在を感じ取る。囲碁や将棋の棋士は、あれこれ先を読まずとも、盤面の形だけで「ここには何か手段がある」と直感的に察知する。それを可能にするのは、長い経験と訓練、異変を察知しようと努める強い意志の力のみだ。も

山と海の間を行く国道31号

ろもろの理屈や手順を経ることなしに、誰も気づかないような、それでいて重要な差異を一瞬で見抜く力こそ、人類の持つ能力の最も素晴らしい部分であると思う。

その素晴らしい能力を、道路地図とのにらめっこといった、非常にどうでもいいことに浪費してしまうのが国道マニアという人種である。筆者も、この種の能力と貴重な時間とを不毛な作業に大量投入してしまい、後悔することがしばしばある。

先日は、二桁国道のリストを眺めていて、この種の違和感に遭遇した。一〜二桁の国道は、かつては一級国道と呼ばれ、県庁所在地クラスの大都市を結ぶと規定されていた。このため、そのほとんどが全長一〇〇キロメートル以上の長距離路線だ。国道一五号、二二号、四三号など、比較的短距離の道もあるにはあるが、これらはそれぞれ東京〜横浜、名古屋〜岐阜、大阪〜神戸を結んでいるから、その重要性に疑いを差し挟む余地はない。

妙なのは、国道三一号と三五号だ。この二本は距離も短いが、前者は広島県海田町《かいた》〜同県呉市、後者は佐賀県武雄市《たけお》〜長崎県佐世保市《させぼ》を結んでおり、いずれも大都市とは言い難い。三一号は広島市をわずかに通過しているが、国道指定当時はまだ広島県矢野町《やの》であったエリアだ。この二本だけが、どうも旧一級国道としての「格」に欠けると筆者には見える。

地図をよく見ると、三一号は呉で一八五号に、三五号は佐世保で二〇四号に接続している。わざわざいったん切り、別番号としたのには理由があるはずだ。

ポイントは、呉と佐世保という港街が終点であるところだ。これらは、かつて日本海軍が鎮守府を置き、重要な拠点とした場所だ。物資を運ぶため、道路の整備も最優先で行われたことだろう。

やはり鎮守府が置かれていた横須賀と舞鶴にも、実は一六号と一七七号という、同様な性格の国道が通じている。国道一六号は指定当初、横浜〜横須賀間を結ぶ短距離路線だったのだ。その後一九六三（昭和三八）年に富津〜横浜間が編入され、東京環状道路へと大きくその性質を変えて、現在に至っている。

呉に海軍の軍事拠点が置かれることになったのは、一八八六（明治一九）年のことだ。山々と、入り組んだ瀬戸内の島々に囲まれた呉の街は、軍事機密を保つために最も好適と見なされたのだ。その後、呉の市街は地図でもわざと間違って描かれたし、絵はがきでも背後の山容が修正されるなど、少しでも所在がわかりにくくなるようにあらゆる努力が払われた。一九〇三（明治三六）年には海軍工廠が建設され、戦艦大和を含む多くの艦艇や潜水艇がここで建造されている。

一方広島市は陸軍の拠点として発展し、日清戦争の折には明治天皇と帝国議会を迎えて大本営も設置された。これは明治以降、首都機能が東京から移転した唯一の例だ。広島県は、大陸進出を目指す明治日本の、重要な足場であったのだ。

全国有数の重要路線となった広島と呉を結ぶ道路は、早くも一八八七（明治二〇）年に四六号として国道体系に組み入れられた。広島湾東側の海岸線を走るルートは現在とほぼ変わっておらず、当初から広い道幅が確保されていた。

こうして海軍の街として発展した呉市だが、太平洋戦争において大きな痛手を受けることになる。一九四五（昭和二〇）年三月から七月にかけては、呉軍港に繰り返し空襲が行われ、多くの艦船が沈められた上、港としての機能は完全に破壊された。同様に鎮守府の置かれた佐世保市も、同年六月に空襲を受けて焦土と化した。軍事県と位置づけられてきた広島と長崎は、結果的に原爆の標的ともなり、終戦の時を迎えた。

戦後、呉と佐世保の鎮守府は廃止されたが、自衛隊や在日米軍の基地、造船業や製鉄業の工場など、あちこちに海軍の街の面影が残る。一九五二（昭和二七）年に施行された現行の道路法でも、両市へ向かう道は国道としての地位を保った。三一号と三五号という若い番号も、旧海軍の置き土産の一つであるわけだ。

国道三一号を流しながら眺める瀬戸内の島々は美しく、おすすめのドライブコースの一つだ。歴史の重みを感じつつ、一度は走ってみてほしい。

D A T A

都道府県	広島県
起　　点	広島県海田町
終　　点	広島県呉市
路線総延長	35.5km
現道実延長	35.5km
制 定 年	1952年

ほとんどの区間で海沿いをゆき、瀬戸内海の島々を眺めつつ走れる。並走する広島呉道路は国道31号の有料バイパスであり、渋滞を避けるならこちらがよいが、トンネルも多いので風景を眺めて走るなら下道がよいだろう。短いながら、独特の存在感を放つ国道だ。

Column 10 国道標識のあれこれ

国道標識のサイズは各種あり、道路の制限速度に応じて変更できることになっている。設計速度40～60キロの道では、文字が20センチの大きさになるよう定められている。ただし、中国地方などでは幅1メートルを超えるような大型標識が時折見られる。

国道標識の青色はJIS規格で定められた色であり、全国的に統一されている。しかしなぜか長野や広島では、紺色に近い色のものが存在する。

標識には、上から「国道」の文字、路線番号、「ROUTE」の文字が描かれている。最初期は文字が手書きされていたが、こうしたものは今やほとんど残存していない。フォントもいろいろなものが使われたが、現在ではヘルベティカにほぼ統一されている。バラエティに富んだ国道標識を、観察しながら走るのも楽しい。

Column 11 最長・最低トンネル

2015（平成27）年春、首都高中央環状線の山手トンネルが全面開通した。全長は1万8200メートルで、道路トンネルとして全国最長だ。一般国道のトンネルとして一番長いのは、東京湾アクアライン（国道409号）のアクアトンネルで、全長9610メートル。以下、140号雁坂トンネルの6625メートル、423号箕面トンネルの5620メートルと続く。無料で通行できる一般国道のトンネルとしては、国道194号寒風山トンネルが5432メートルで最長だ。

最も深い国道トンネルもアクアトンネルがトップ（海面下60メートル）で、国道2号関門トンネル（海面下56メートル）がこれに続く。2019年に開通した国道357号東京港トンネルは海面下約30メートルで、3位にランクインしている。

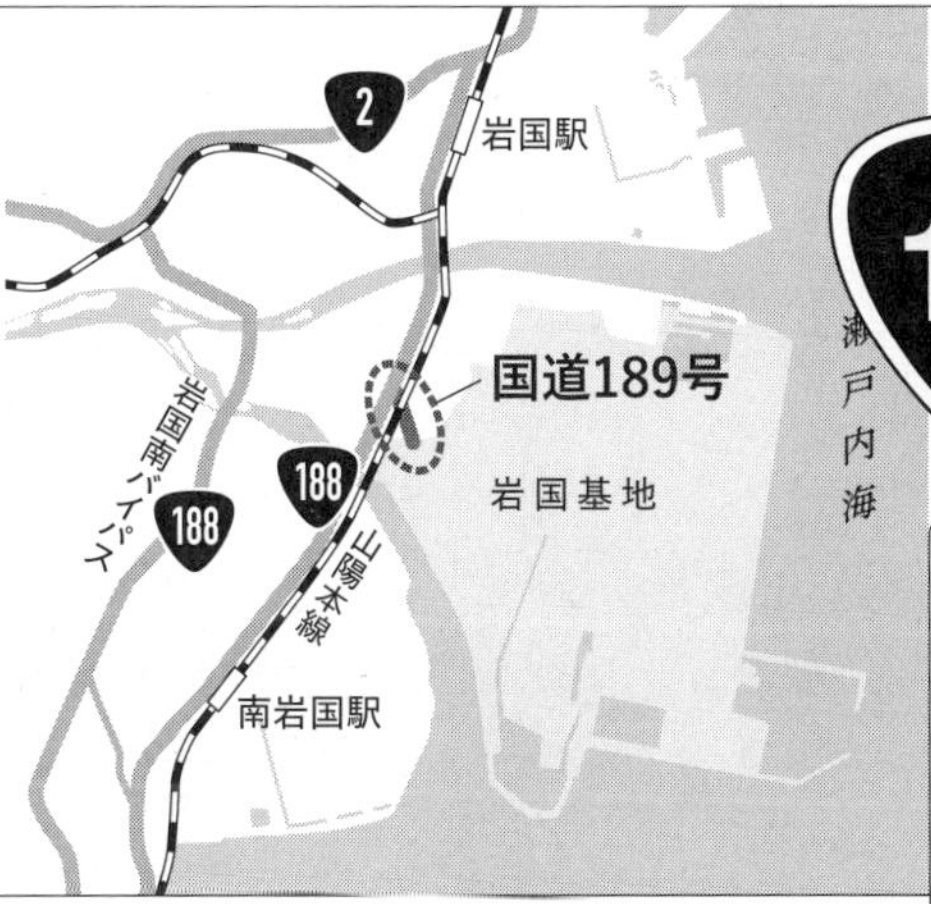

国道
189
ROUTE

起点が米軍基地内だった（山口県）

全国に四五九本ある国道の中でも、山口県岩国《いわくに》市を走る国道一八九号は、格段に奇妙な存在だ。何が奇妙かといえば、第一にその長さである。重複区間を除いた一八九号の実質的な距離は、わずか三六〇メートルでしかない。一八九号は法律上全長二・九キロだが、その大半が一八八号と重複している。地図で見ると、一八八号からちょびっとはみ出た鼻毛くらいにしか見えないが、これで他の国道と肩を並べて一丁前の番号を名乗っているか

189号沿線には英語の看板も見られ、米軍基地の街のムードを醸し出す

ら、何だか笑ってしまう。大人ぶって生意気な口を利く、ませた幼稚園児みたいである。

なぜこんなに短い道が独立した国道であるかというと、これが国道一七四号の項で触れた港国道であるからだ。港国道はいずれも数キロメートル以下の短い道だが、中でも一八九号は、実質上一七四号に次いで全国二番目の短距離国道である。

奇妙な点の第二は、この道の起点が港でも空港でもなく、米軍岩国基地ということだ。軍事施設を起終点とする国道は、全国でもこれ一本しかない。

我々国道趣味者にとって、この米軍基地から始まっているという点は、大いに問題である。マニアたるもの、国道と名がつく場所になら、どこにでも足を運びたいと思うのが当然だ。ところがこの一八九号の起点は、岩国基地の中に入り込んでいたらしいのである。資料や地図を突き合わせてみると、一八九号の起点所在地は、基地内の日米国旗が掲げられた掲揚台というのが、マニア間での通説であった。当然、基地内に一般人がのこのこ入り込むわけにはいかない。

筆者も一度訪れ、せめて国旗掲揚台の写真だけでも撮ろうと思ったのだが、サングラスをかけた屈強な兵士がこちらを指さしながら近づいてきたので、慌てて逃げ出すはめとなった。日本人相手でも説明が難しい国道趣味という概念を、米兵相手に納得させるなどできようはずもない。

撮影さえままならないのだから、無理に侵入でもしたら、これはもう日米安全保障に関わる国際問題である。というわけで一八九号は、たった三六〇メートルしかないくせに完走は不可能という、極めて妙な道であったのだ。

起点を拝む唯一のチャンスは、日米親善デーで基地が一般にも開放される毎年五月五日だった。この日を狙って、わざわざ岩国に出かけていく者もいたから、マニアという人種の根性も相当である。

それにしても、港国道の起点は港や空港と決まっているのに、なぜ岩国基地が起点たりえたのか。調べてみると理由は単純で、一八九号が指定された一九五三（昭和二八）年の段階では、岩国飛行場は羽田と並ぶ、日本でただ二つの国際空港であったのだ。この時すでに岩国基地は米軍に接収されてはいたが、民間機も発着していた。

しかし徐々に米軍の主導権が強まり、一九六四（昭和三九）年を最後に民間機の乗り入れは行われなくなった。本来ならこの時、一八九号は国道としての資格を失ってもよかったはずだが、認定は取り消されることなく現在に至っている。起点も米軍基地内に取り残され、一般人立入禁止の国道が出来上がってしまったのだ。

しかし二〇一〇（平成二二）年、突然に道路区域変更の告示が出され、一八九号の起点は岩国基地正門前と改められた。道路の維持管理上、ようやくまともな姿になったわけだ。何でまた指定から五七年も経って、今さら起点変更の措置がとられたのか、このあたりは謎だ。それまで基地内国道の存在に誰も気づいていなかったのだろうか。ともかくこれによって一八九号の立入禁止区間は消滅し、晴れて一般人が全線を通れる国道となった。

二〇一二（平成二四）年には、岩国飛行場に民間機が四八年ぶりに乗り入れることとなった。これで一八九号は、久々に港国道としての重要性を取り戻すかと思いきや、残念ながらそうはなっていない。民間機が着陸するターミナルはずっと北にあり、空港を利用する一般市民には、一八九号は全く役に立たないのだ。かといって、今の一八九号が廃止され、新しく別の道が指定し直されるという気配もない。要するに、様々な道路網が整備された現在、港や空港へ行くだけの道を国道として特別扱いする必然性はなくなり、かといって廃止措置の手間をかけるほどでもないとして、放置されているのだろう。

一八九号の指定からは七〇年近くが経過しており、人間でいえばそろそろ古希である。かつては西日本の空の玄関口へつながっていた晴れがましい道も、そろそろ役目を終える頃かもしれない。寂しい話ではあるが、この道は帝国海軍基地から米軍基地、そして軍民共用空港へと様々な変転を経てきた、歴史の生き証人でもある。その姿をしっかり目に焼きつけておきたいと、一好事家としては思うのである。

D A T A

都道府県	山口県
起　　点	山口県岩国市
終　　点	山口県岩国市
路線総延長	0.4km
現道実延長	0.4km
制 定 年	1953年

終点の岩国市立石交差点（国道２号交点）から岩国空港入口交差点までは188号と重複しており、この区間には189号の存在を示すものは何もない。いわゆる港国道は、旧一級国道に接続していなければならない規定があり、この辻褄合わせのための重複区間だろう。

国道
32
ROUTE

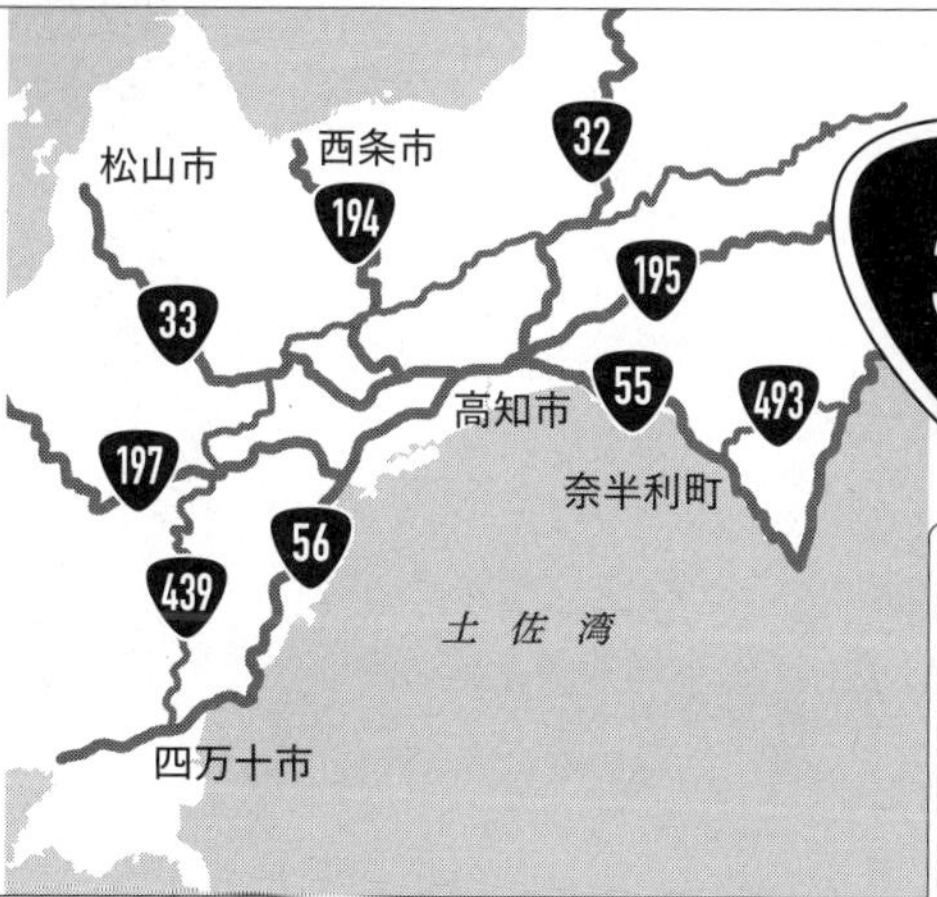

無理矢理高知に集まる8国道（高知県）

東京の日本橋は七本の国道の起点が集中していると書いた。江戸時代、五街道の出発点であった場所は、今なお道路の聖地であり続けているわけだ。これに対する西の聖地は大阪市の梅《うめ》田《だ》新道《しんみち》交差点で、日本橋と同じく七本の国道の起終点を兼ねている。

だが、これらを上回る、八本の国道起終点が集まる地点が、国内に二ヶ所存在している。その場所は、新潟市の本町交差点と、高知市の県庁前交差点というから、ちょっと意外に

6国道が刻まれた高知県庁前の起終点標。実際には8路線の起終点

思える。

新潟にたくさん国道が集まっているのは、本州日本海側最大の都市であるから当然といえば当然だが、他に地理的な要因も大きい。新潟市は、阿賀野《あがの》川と信濃《しなの》川という大河が海に注ぐ場所だ。一般に道路は川の流れに沿って発達することが多いから、新潟市に向かう道が多いのは納得できる。

そしてもう一つの大きな理由は、この街が田中角栄元首相のお膝元であることだろう。初めて衆議院選挙に立候補した際、彼は関東との間に立ちはだかる三国峠を、ダイナマイトで吹き飛ばすとぶち上げた。そして、今までは太平洋側の百年であったが、これからは日本海側の百年になる、そのために必要なのが東京など他都市へつながる道路や鉄道であると説き、有権者の心を鷲摑みにした。

彼は三国峠を吹き飛ばしこそしなかったものの、その横腹に穴を開けて、いくつもの国道や鉄道を開通させた。彼が生まれた年に一〇万足らずだった新潟市の人口は、今や八〇万を超えている。角栄の剛腕が敷いてきた多くの道路が、この大発展に寄与したことは疑いない。

しかし、一方の高知市には、なぜかくも多くの国道が集まっているのだろうか？

高知市には鏡川《かがみ》・仁淀川《によど》など大きな川が流れ込んでおり、これらに並行する道ができる要因が揃っていた。また、徳島・高松・松山など四国の大都市は、ほとんど瀬戸内海沿いに位置しており、国道一一号という大幹線で結ばれている。これら都市からの交通の便を図るため、四国太平洋岸唯一の大都市である高知市へ向けて、いくつもの国道が敷かれた。要するに、南北が逆であるものの、高知市は新潟市のミニ版ともいえる環境なのだ。

また、高知市には新潟市同様、周辺にさほど大きな街がない。基本的に、国道は大都市を結ぶものと道路法によって規定されているから、手前の都市で実際上終わっている国道も、無理矢理に高知市まで引っ張ってくるしかないのだ。

たとえば国道四九三号は、高知県東洋町《とうようちょう》から奈半利町《なはりちょう》まで、室戸《むろと》岬付近をショートカットするように走る道だが、これでは国道起終点の資格を満たせない。このため、書類の上では国道五五号と重複して高知市まで延びていることになっている。四九三号の実体は四八キロメートルほどだが、五五号との重複区間は五〇キロ以上もある。

高知市に集まる道には他にも重複国道が多く、名目上は高知県庁前に八本の国道が集まっているものの、目に見えるのは三二号と三三号だけだ。

要するに、国道は大都市を結ぶものと規定されていても、重複という「裏技」を使えば、どこからどこにでも国道は敷けてしまうわけだ。古くなった基本理念を変更せず、「拡大解釈」やら「弾力的運用」やらで辻褄を合わせて延命を図る日本の伝統芸は、こんなところにも表れているのである。

しかし高知に集まる国道には、整備状態の悪い「酷道」も少なくない。国道三二号、三三号など幹線国道ですらつづら折りの厳しい区間が残り、通行止めになることも多い。徳島市から四万十市へ向かう四三九号は、総延長三五〇キロ近い長大国道ながらほとんどが片側一車線で、すれ違いすら難しい場所が少なくない。峻険な四国山地を乗り越えていくからやむを得ない面もあるが、やはり他の地方に比べて道路整備が遅れていることは否めない。

　実はここにも、田中角栄の影が落ちている。彼は、全国に交通網をくまなく配備し、各地に拠点都市を造って、地方から都会へという人の流れを逆転させようと試みた。その結果、日本の国道網は見事に均一だ。アルプスの山岳地帯などを除けば、どの地方にもだいたい同じような密度で国道が張り巡らされている。しかし、国道指定だけは全国均等に行えても、整備費用は均一には分配されない。人口密度が低い、また有力な政治家の出ない土地には、国道指定から数十年を経ても一向に整備の進まない、名のみの酷道だけが残ってしまった。

　角栄の時代から状況は大きく変わったが、地方の活性化は今も国家の最重要課題だ。政治家諸氏におかれては、ひとつどこかの酷道を走ってみてはいかがだろうか。地図を見るだけではわからぬものが、きっと見えてくるはずだ。

DATA

都道府県	香川県、徳島県、高知県
起点	香川県高松市
終点	高知県高知市
路線総延長	141.3km
現道実延長	137.5km
制定年	1952年

高知県を通る国道のうち、最も若い番号の32号は、高松市から高知市まで四国を斜めに横切るように走る。名勝として知られる大歩危・小歩危が沿線にあることでわかる通り、険しい地形の場所を通過する。旧一級国道としては、最も走りづらい部類に入る道である。

追記：

「日本三大酷道」などと揶揄される国道四三九号だが、二〇一〇年代には高知県内に大峠バイパス・大植バイパスが完成。二〇二二年には徳島県三好《みよし》市東祖谷《ひがしいや》地区の改良も完成し、徐々にではあるが走りやすい道へと変貌を遂げつつある。

CHAP. 6 九州・沖縄編

夢でなくなった架け橋（熊本県）

二〇一六（平成二八）年三月二六日、北海道新幹線が開通した。ついに北の大地まで新幹線がつながったかと思うと、鉄道ファンでも北海道民でもない筆者でさえ、非常に感慨深いものがある。

計画決定から北海道新幹線開業までに要した期間は四三年間、建設費用は五五〇〇億円であったという。かくも莫大な時間と費用、そして尊い犠牲まで払ってでも、鉄道を開通させたいと人は願う。人とつながりたい、こ

天草諸島をつなぐ国道266号

こではないどこかへ行きたいというのは、人間の本能の一番奥深いところに根ざした、強烈な願望なのだろう。この二つの願望なくして、人類がこの文明社会を築き上げることはなかったに違いない。

　現代の国道も、こうした願望が具現化した姿の一つだろう。その歴史を追っていくと、まさに国土の隅々までを何とかつなぎ合わせ、結び合わせていこうとする涙ぐましい努力が浮かび上がってくる。一九五二（昭和二七）年の最初の国道指定では、一～四〇号までが誕生し、県庁所在地クラスの大都市を結んだ。続いて一九五三（昭和二八）年には、一〇一～二四四号までの国道が指定され、主要都市の連絡が確保された。この後、能登《のと》半島を回

天草の観光と産業を支える天草五橋

る二四九号、島原《しまばら》半島を巡る二五一号などが国道指定され、地図の空白は次々に埋められていった。

それでもつながれず残ったのは、多くの離島たちだ。日本列島を構成する島の数は六八五二、有人島だけでも四〇〇を超える。海に隔てられて暮らす島の人々こそ、誰よりも「つながりたい」人たちであることは論を俟《ま》たない。

海を渡る道の建設という困難を実現し、離島国道の先例を創り出したのは、熊本県天草《あまくさ》諸島の人々であった。その先頭に立ち、島と本土をつなぐ夢を実現させたのは、熊本県議会議員の地位にあった森慈秀《もりやすひで》という男であった。

森は、天草上島・下島と島原半島のほぼ中間に浮かぶ湯島《ゆしま》で、一八九〇（明治二三）年に生を享けた。この島は、天草四郎《あまくさしろう》が幕府に隠れて一揆の計画を練った場所という言い伝えがあるほどの孤島で、現在の人口は五〇〇人ほどに過ぎない。しかしこの小さな島を飛び出した森は、上海《シャンハイ》に渡って財を成す一方で、三〇代になってから早稲田大学法科を卒業し、学問をも修める。典型的な、明治の立志伝中の人物であった。

一九三五（昭和一〇）年に熊本県議会議員となった彼は、「天草は離島ゆえに交通の便が悪く、産業・経済・文化・医療などあらゆる面でハンディキャップを余儀なくされています。このような悲しむべき実情を解消するには、まず大矢野町と三角《みすみ》町との間に橋を架け、天草をして九州本土の一部とすることであります」と演説、天草架橋の計画を提案する。

しかし、周囲の反応は冷ややかであった。同僚の議員の賛同は得られず、天草の島民さえも彼の提案を「夢の架け橋」と呼んだ。これはポジティブな意味合いではなく、「実現するはずもない、白日夢同然の荒唐無稽な計画」という中傷に他ならなかった。

誇大妄想とまで罵《ののし》られつつも、粘り強く架橋の実現を訴え続けた彼に、ようやく追い風が吹いたのは、戦後の一九五五（昭和三〇）年のことであった。技術の進歩によって、橋の建設はもう夢物語ではなくなっていたのだ。森は天草架橋期成会の副会長、さらに大矢野町（現・上天草市）の町長にも就任し、橋の実現に奔走する。自らも期成会に私財を投じ、町長在任一二年間の給料は町に全額寄付したという。森の努力が実り、一九六三（昭和三八）年にはこの区間が国道二六六号に指定され、国費が投じられることが決定した。

宿願叶い、晴れて天草五橋が開通したのは一九六六（昭和四一）年のことであった。NHK連続テレビ小説『藍より青く』のヒットに伴う天草観光ブームも訪れ、当時は珍しかった有料道路には多くの車が押し寄せた。当初「ソロバンに合わぬ」と評された橋は、償還期間三九年という計画のところを、わずか九年で建設費を完済したという。

本土からわずか二〇分の距離となった天草には、大手スーパーや工場が進出し、島民の暮らしは大きく様変わりした。半世紀を経た現在、天草は本土と何ら変わらぬ市街地と、美しい海の恵みを兼ね備えた、魅力溢れる島となっている。

当の島民さえ「馬鹿事業」と蔑《さげす》んだ計画が、かくも大きな実りをもたらしたのだ

DATA

国道
266
ROUTE

都道府県	熊本県
起点	熊本県天草市
終点	熊本県熊本市
路線総延長	161.2km
現道実延長	155.6km
制定年	1963年

かつては天草諸島と宇土半島の突端を結ぶ国道であったが、1993年に宇城市～熊本市の区間が組み込まれ、現在の姿になった。空港の開設などで、天草地方への往来は飛躍的に便利になったが、観光道路として266号の価値も失われていない。

から、巨大事業の先行きを見通す難しさを改めて思わされる。たとえば北海道新幹線なども前途多難と評されているが、やはり国土がつながった意義は大きいと思う。巨額の投資を行う巨大事業に、厳しいチェックは不可欠ではあるが、長い目で見守ることも、重要ではあるだろう。

追記‥

現在の天草下島には、国道二六六号・三二四号・三八九号の三国道が走っている。沖縄本島を別格として除けば、国内の離島で複数の国道が通っているのは天草のみだ。

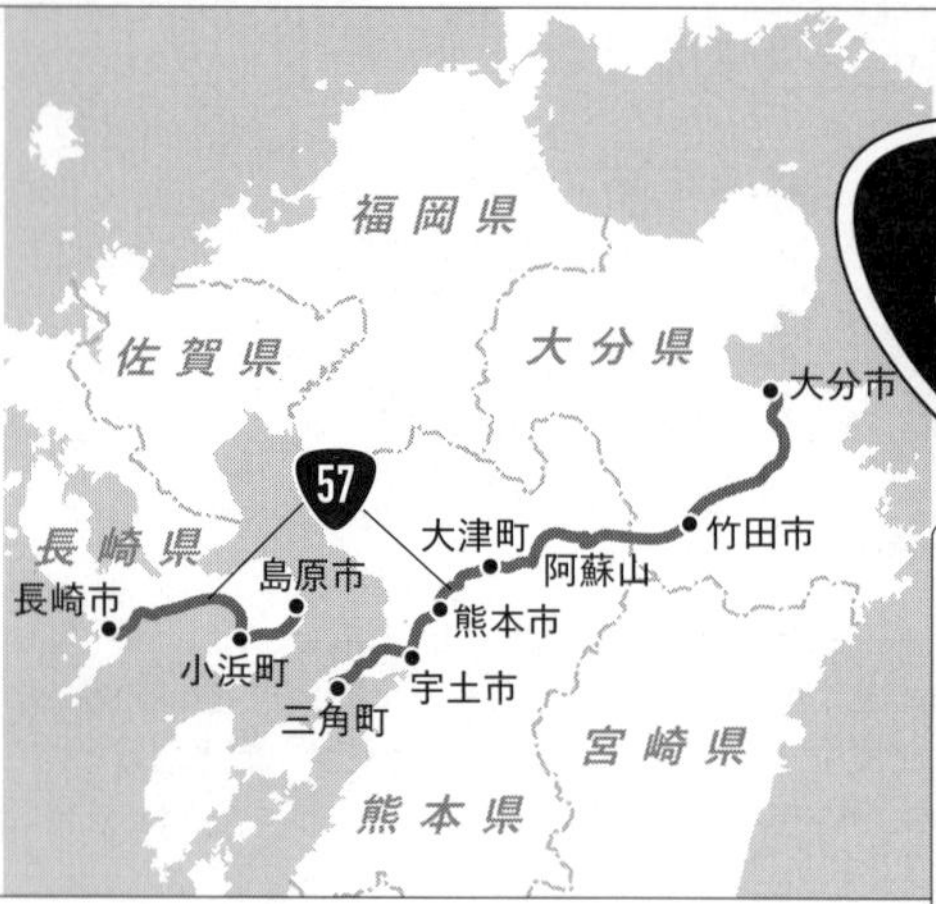

国道
57
ROUTE

カルデラ内を行く国道（大分県・熊本県・長崎県）

以前、茨城県つくば市の国土地理院で、日本の精密な立体地図を見て驚いたことがある。その地図は、日本の地形を正確に再現しているだけで、道路は一本も描かれていない。それなのに、多くの主要国道がはっきりと「見えて」いたのだ。

人間の生活には水が必要であり、道はなるべく平らなところに敷かれる。となれば、川の近くに集落ができ、それをつなぐ道が谷筋に沿って発達するのは理の当然だ。たとえば、

国道57号・325号。遠くに阿蘇山を望む

木曽山脈と飛騨山脈に挟まれたV字谷には木曽路ができ、これは国道一九号に受け継がれている。山脈の凹凸が表された立体地図に、主要国道がまるで描かれたように浮かび上がっているのは、ごく当然のことなのだ。特に山岳地域の国道は、人間が造ったというより、大自然が決めた必然に従ってできたものといえる。

しかし、こうした谷沿いの道は、時に悲劇の舞台ともなる。たとえば、長野県上田市から静岡県の浜松市へ向かう国道一五二号は、土砂崩れなどの災害が多いことで知られる。この道は、関東から九州にわたる大断層系である、中央構造線が形作る谷筋に沿って走る道だ。東西の地塊がせめぎ合う活発な断層であり、このため崖崩れが頻発する。一五二号の静岡～長野県境にある青崩峠は、青っぽい石が始終ぱらぱらと崩れてくるために命名されたといわれるほどだ。

本州・四国・九州にかけた中央構造線沿いには、天竜川《てんりゅう》・紀《き》の川・吉野川などの主要河川が流れており、自然と主要国道もこの近くを通る。このため大雨などの災害の際には、これらの道路も被害を受けがちになる。

二〇一六年四月に、熊本県を中心に発生した一連の地震で、大きな被害を受けた国道五七号も、こうした中央構造線に沿う道の一つだ。

この道は大分県大分市から長崎県長崎市まで、九州を横断して走る。ただしそのルートは、かなりひねくれている。大分から熊本市までやってきた五七号は、いったん国道三号に合流し、南下後に宇土《うと》市で再び分離独立、西へ向けて走り出す。しかし宇土半島の突端まで来るとまたも五七号は姿を消し、今度は有明海を越えた島原半島東端に出現する。道は、雲仙普賢岳《うんぜんふげんだけ》を望みつつ半島を横切るが、このあたりはつづら折りの山道であり、二桁番号のついた幹線国道中、最も険しい区間の一つだろう。この後五七号は、複雑な形状をした長崎県内を縫うように走り、三四号と合流して長崎県庁前でゴールする。海あり山ありの、なんとも波瀾万丈な国道なのである。

かくも五七号のルーティングが複雑であるのは、歴史的経緯による。この道は、国道二一四号（島原市～諫早《いさはや》市）、二一五号（諫早市～宇土市）、二一六号（熊本市～大分市）の三路線を、一九六二（昭和三七）年に統合してできた。こうした成り立ちの国道は、他に類を見ない。統合から半世紀以上を経た今では、九州を東西につなぐ貴重な大幹線として、地元に欠かせぬ存在へと成長している。

この道の原型を初めて整備したのは、肥後《ひご》熊本藩初代藩主の加藤清正《かとうきよまさ》であった。瀬戸内海への玄関口にあたる大分県鶴崎《つるさき》の港までの道を切り広げ、参勤交代の経路と定めたのだ。ただし、当時の街道が阿蘇《あそ》外輪山寄りを回っていたのに対し、現代の国道五七号はより直線的にカルデラ内を通り、西端の谷から出る経路をとっている。

二〇一六年の地震による土砂崩れで崩落した阿蘇大橋のありかは、ちょうどこのカルデラから複数の河川が合流して流れ出す、出口に当たっている。これらの川に沿う五七号と三二五号が合流する場所で、悲劇は起きた。そしてここは、中央構造線にも極めて近い。

九州の面積は日本の国土の約九％に過ぎないが、土砂災害の四割は九州で起こるという。台風が多いことも原因だが、阿蘇山や桜島の火山灰が降り積もった、もろい地質であることも大きな要因だ。二〇一六年熊本地震で、マグニチュードの割に震度が大きい傾向にあったのも、これが一因であるらしい。阿蘇大橋の崩落は、そうした弱い地質の中でも、一番負荷のかかっている場所で起きたと見える。

熊本地震では、国道五七号の他の場所でも大きな被害が発生しており、復旧の見込みは立っていないという。しかし、五七号は熊本・大分の復興のためにはぜひとも必要な道路だ。あるいは、付近の県道などを修復改良して、国道五七号をこちらに移設するような処置も必要になるかもしれない。

後知恵で「あそこは危険な場所だった」と言うのは簡単だが、事前に危険を予測し、適切な手を打つのは難しい。国道五七号で起きたことの教訓を、ぜひとも他で活かしてほしいと願う。

DATA

国道
57
ROUTE

都道府県	大分県、熊本県、長崎県
起点	大分県大分市
終点	長崎県長崎市
路線総延長	295.5km
現道実延長	183.3km
制定年	1963年

1991年の雲仙普賢岳噴火や、繰り返し襲う水害など、この国道は熊本地震以外にも多くの災害に見舞われてきた。九州の東西移動を担う重要路線であるだけに、通行止めになると影響は大きい。傷だらけの幹線国道といえようか。

追記：

国道五七号の崩落部分は長く通行止めとなっていたが、二〇二〇年に北側を迂回する復旧ルートが開通した。また三二五号には新阿蘇大橋が二〇二一年に完成し、新たな交通の担い手となっている。

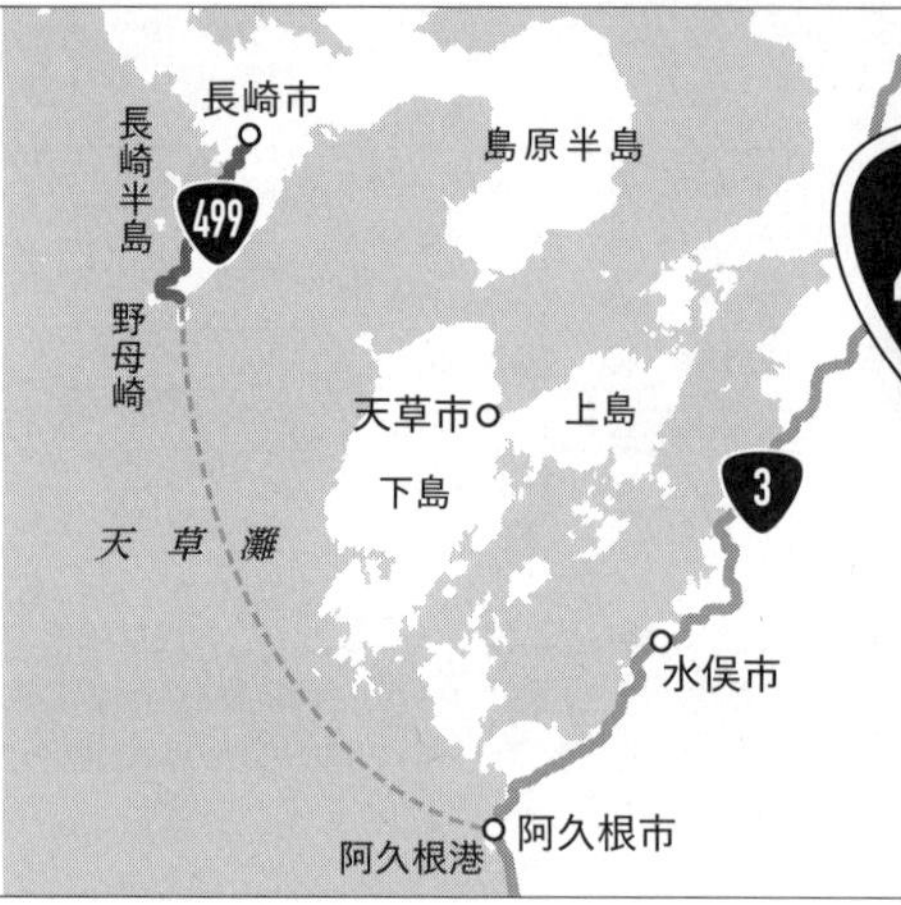

国道
499
ROUTE

東シナ海に消えるトマソン国道（鹿児島県）

二〇一四（平成二六）年一〇月、赤瀬《あかせ》川原《がわげん》平《ぺい》氏が亡くなった。誰もが気づかずに通り過ぎるものに光を当てる独特の視点には、筆者も大いに影響を受けた。中でも『超芸術トマソン』（ちくま文庫）は、夢中になって読んだものだ。

「トマソン」とは行き止まりの階段、高所にあるドアなど、様々な都合でかつての機能を失いながら、なぜか美しく保存されている無用の長物を指す。鳴り物入りで来日しながら

阿久根市の国道499号。美しく整えられてはいるが、どこにもつながらない無用国道

三振の山を築いたのみで帰国した、元巨人のゲーリー・トマソン選手がその名の由来である。

実は国道の世界にも、まさにトマソンというべき存在がある。国道にトマソン物件があるのではなく、国道そのものがトマソンなのだ。

筆者がそれを発見したのは、鹿児島県の阿《あ》久《く》根《ね》市をドライブしていた時のことだ。国道三号から西へ向けて、国道四九九号が分岐しているという表示が出ていたのだ。そんなはずはない。自分の記憶が正しければ、四九九号は長崎県を走る国道であったはずだ。まして、ここから西へ曲がった先はすぐ海だ。カーナビの地図を見てみても、この先に国道は

499号の起点は長崎市の中心部である大波止交差点

存在していないことになっている。

　となると、さっきの看板が何か間違っているのだろう。一応確認しておくかと、ハンドルを右に切ってみると、そこには不可解な光景が広がっていた。四車線の広い道の真ん中に、ドンと四九九号の国道標識が突っ立っている。しかしその数十メートル先には小さな港があり、静かな海面がキラキラと西日をはね返している。当然、道はそこで行き止まりだ。

　前にも触れた通り、こうしたタイプの短距離国道は実在する。幹線国道と港湾を結ぶ「港国道」がそれだ。

　だが、目の前の道は全国最短の一七四号よりも明らかにずっと短く（後に調べたところによれば全長六二メートル）、そんな国道があれば筆者が知らないはずがない。また、ごく小さな港である阿久根港に、わざわざ港国道が敷かれるはずもない。

わずか数十メートルで海にぶつかる、地図にさえ載っていない国道。数多の変な国道を見てきた筆者も、これには狐につままれたような気分になった。

家に帰ってから調べてみたところ、確かにこれは国道四九九号で間違っていなかった。四九九号は、長崎市中心部を出発した後、長崎半島を縦断し、突端の野母崎《のもざき》付近に達するが、道はここで終わりではない。直線距離で七〇キロメートル以上も離れた阿久根港に突如再出現し、国道三号交点まで続いているのだ。

離島へ渡る国道など、海上区間を持つ国道は他にもあるが、こういう奇妙なケースは他にちょっと見当たらない。短すぎ、不自然すぎるためか、多くの道路地図でもこの区間は見落とされてしまっている。

なぜこうなっているか。詳細は不明だが、前後の状況などを見る限り、おそらく次のようなことであったと思われる。

四九九号が国道の仲間入りを果たしたのは、一九九三（平成五）年のことであった。国道への昇格路線は、地方自治体からの請願をもとに、審査を経て決められる。長崎半島にも国道が欲しいと、昇格候補として地元が推したのが長崎県道一一三号・長崎野母港線であった。

だが、実は国道の始まりあるいは終わりとなる場所には、資格が必要となる。幹線国道に接続する地点、人口一〇万人以上の都市、国際観光上重要な場所などといった基準のいずれかを満たさないと、国道の起終点たりえないのだ。国道は、幅や長さには何の規定もないし、未舗装であろうが階段であろうが構わないが、始まりと終わりだけには厳しいのである。

残念ながら長崎半島の突端である野母崎は、この資格を満たさない。他の国道にも行き当たらず、人口も少なく、ちょっと観光地とも言い難い。このままでは国道としての認定は不可能という裁定が、おそらく下されたのだろう。

そこで持ち出されたのが、フェリーで海を渡るという「裏技」であった。一本の交通系統としての機能があると判断できれば、フェリー航路も国道になりうる。そこで、野母崎の東にある脇岬《わきみさき》港から、鹿児島の阿久根港まで、フェリー航路が計画されたのだ。これによって、大幹線である国道三号までつながれば、資格に文句はないでしょうというわけだ。しかしこのフェリーは臨時便の運航のみで、それさえも数年で廃

DATA

国道 499 ROUTE

都道府県	長崎県、鹿児島県
起　　点	長崎県長崎市
終　　点	鹿児島県阿久根市
路線総延長	111.2km
現道実延長	27.2km
制 定 年	1993年

終点の阿久根市は、一時期当時の市長が様々な騒動を起こして話題を呼んだ街だ。彼は「アートの街あくね」事業を推進し、街のあちこちに（正直言って奇妙な）壁画を描かせた。499号沿いにもこうした壁画が描かれており、短い国道と相まって異様さを際立たせている。

止された。この区間にそんなに需要があろうとは思えないから、まあ当然だろう。こうして両区間を結ぶ細い糸は切れ、阿久根側の四九九号は無用の長物として残された。このおそらく日本最大の官製トマソン物件を赤瀬川氏が見たら、さてなんと言ったことだろうか。

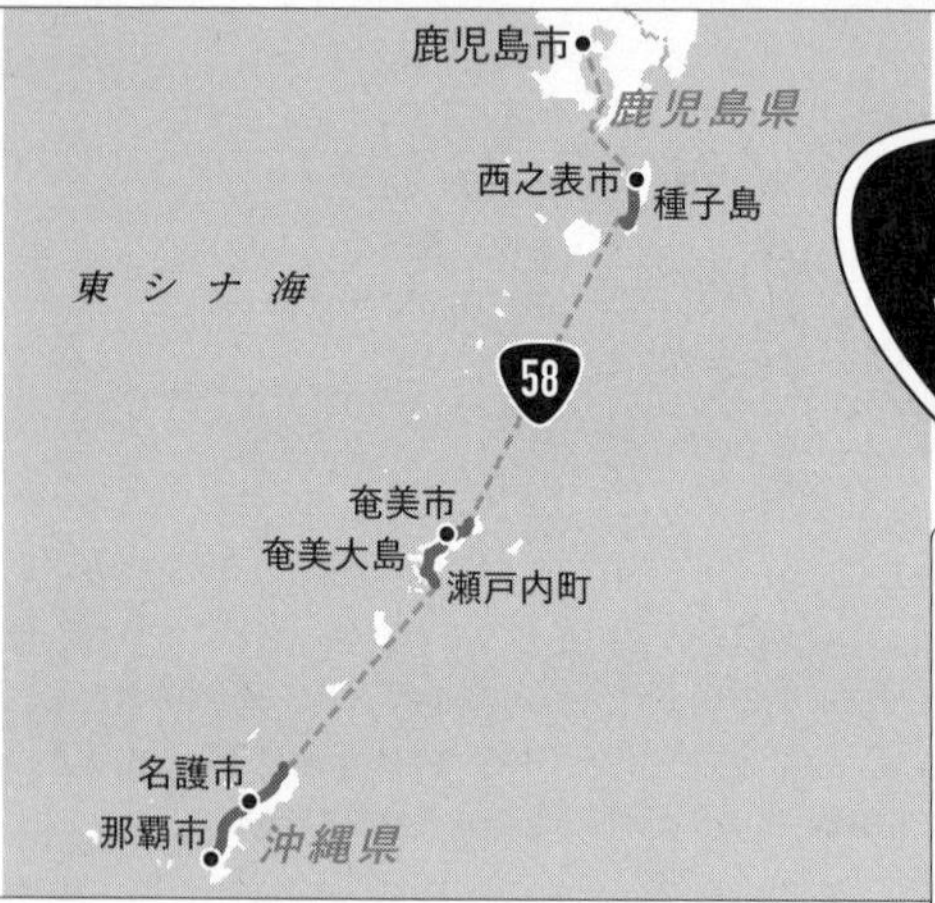

国道
58
ROUTE

日本一愛された国道（鹿児島県・沖縄県）

国道マニアを名乗る者としては、青いおにぎり型の国道標識は愛を注ぐ対象であり、抱きしめて眠りたいくらいの存在だ。だが悲しいことに、このおにぎり標識の入ったグッズというのは世の中に数少ない。おそらく日本国内でさえ、白い金魚鉢型をしたアメリカの国道標識をプリントしたグッズの方が、多く存在しているのではないかと思う。

中でも見かけることが多いのは、ルート66の標識だろう。アメリカ最初の国道の一つで

鹿児島市内の国道58号

あり、シカゴからサンタモニカまで、国土の中央を斜めに走り抜ける道として指定された。モーテルやマクドナルドといったアメリカの文化は、この道の沿線で生まれたものだ。作家・スタインベックは、小説『怒りの葡萄』でこの道を「マザーロード」と呼び、その名は多くのヒット曲や映画の題材ともなってきた。ルート66は一九八五（昭和六〇）年に廃線となったが、歴史の道として今も多くのアメリカ人に愛されている。

翻って我が日本では、東海道や中山道など歴史のある道はあっても、国民の精神的支柱といえるような道は一本もない。ただ、唯一それに近い道があるとすれば、国道五八号をおいて他にないだろう。沖縄本島を貫いて走る道路だが、その愛されぶりは日本の国道中でも他に類を見ない。土産物屋に入れば、国道五八号の標識がプリントされたステッカー、Tシャツ、マグカップなどが所狭しと並んでいる。名産の「ゴーヤー」と「五八」という番号をかけたグッズも多いし、「黒糖58号線」なる黒砂糖も店頭を飾っている。多くの地元アーティストが五八号を題材とした曲を歌っているし、人気バンドの「かりゆし58」もこの道からその名を取っている。これはちょっと、他のどんな国道でも見られない現象だ。

沖縄本島の五八号は、島の北端に近い国頭村《くにがみそん》の、その名も「奥」という集落から始まる。島の北岸に沿う区間は、南の海を眺めつつ走れる、全国でも屈指の爽快な道だ。島の中部以降はほとんどの場所で片側二車線以上が確保されており、交通量もそれに見合って多い。最後は那覇市中心部の明治橋で終点となるが、全線にわたって堂々たる風格を保っており、沖縄のメインストリートの名にふさわしい。長いこと鉄道がなく、純然たる車社会であった沖縄では、この道のお世話にならずに生きていくことは不可能だ。五八号がウチナンチュ（沖縄人）に深く愛される、大きな理由だろう。

しかし、実をいうと国道五八号は沖縄だけの道ではない。その法律上の起点は、なんと鹿児島市にある。ところがこの五八号は、市内中心部を出発してわずか七〇〇メートルほどで港に行き当たり、途切れてしまうのだ。鹿児島市民でも、五八号という国道が市内に通っていることを知らない人の方が、ずっと多いことだろう。この区間がいったいなぜ存在するか、その歴史を追ってみよう。

国道五八号の起源は、一五世紀に誕生した琉球《りゅうきゅう》王朝時代にまで遡る。首里城《しゅりじょう》から各村落に向けて、整備された街道がこの道のルーツであり、その経路は現在とほとんど変わりない。

明治時代に日本の領土に組み込まれ、この道も国道指定を受けたが、大きくその運命が変わったのは太平洋戦争の時代だ。一九四五（昭和二〇）年四月に沖縄上陸を開始した米軍は、その国力に物を言わせて一挙にこの道を軍用道路として整備する。終戦後は、米軍占領下において琉球政府道一号線のナンバーを与えられ、文字通りのメインストリートとして発展した。地元民には、今もこの道を「一号線」と呼ぶ人も多いという。

苦難の歴史をたどった沖縄は、一九七二（昭和四七）年にようやく日本に復帰する。この道もまた、日本の国道網に組み込まれることとなった。かつて国道には一級・二級の区別があり、一級国道には一〜五七号、二級国道には一〇一号以降の番号が振られていた。沖縄返還時には一・二級の区分はすでに廃止されていたが、この道のみ特例として、国道五八号の番号が与えられた。五八という二桁のナンバーには、その歴史と重要性への敬意が込められているのだ。

また、国道はその定義上、全てつながっていなければならないとする建前がある。このため鹿児島市内に、国道一〇号に接続する形で国道五八号が新設され、奄美大島・種子島をフェリーで経て、沖縄本島に達する経路が設定された。一見不可解な鹿児島区間は、沖縄県の道路群を本土と結びつける、なくてはならない紐帯なのだ。

今も五八号沿線は基地が多く立ち並び、その歴史を偲ばせるものが多い。通しで走ってみて、これほど楽しくもあり、大変でもあり、多くを考えさせる国道は、他に一本もない。

D A T A

都道府県	鹿児島県、沖縄県
起　　点	鹿児島県鹿児島市
終　　点	沖縄県那覇市
路線総延長	879.6km
現道実延長	244.9km
制 定 年	1972年

路線総延長は全国道中最長の879.6kmを誇るが、目に見える道路は250kmに満たず、その7割以上は海上区間となる。フェリーで渡ることは可能だが、全線完走にはカネも時間もかかる。それでもいつか走り切ってみたい、マニア憧れの国道だ。

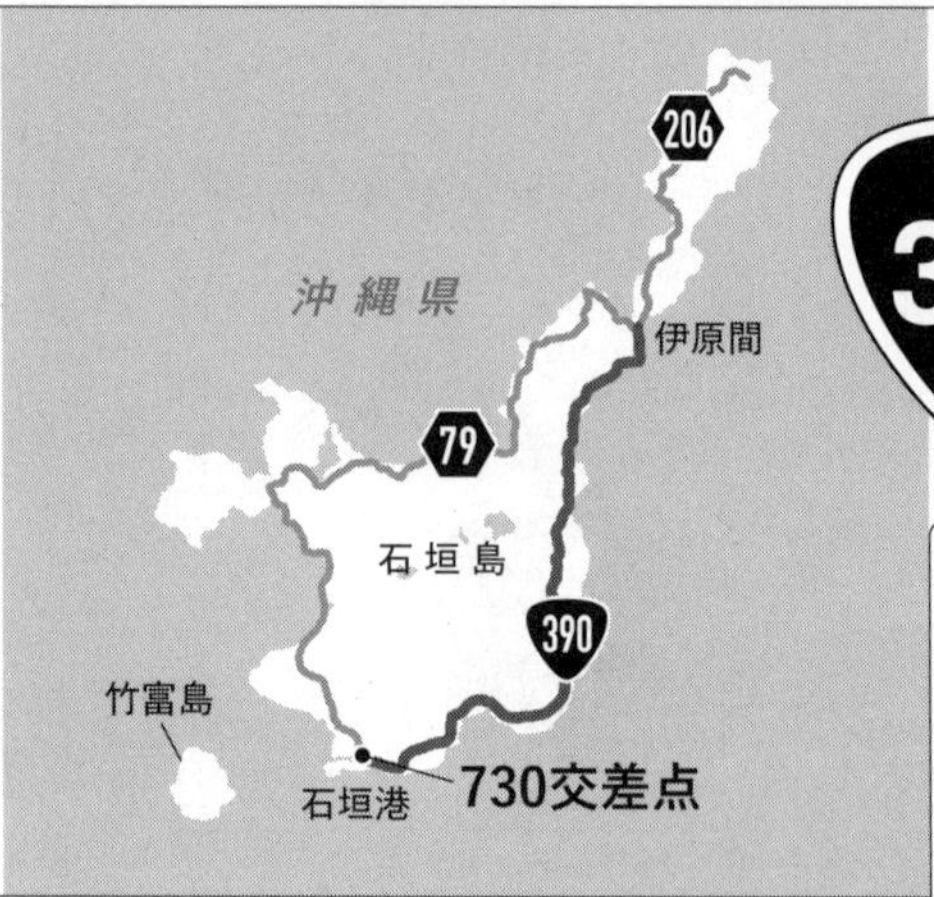

国道
390
ROUTE

沖縄の「左右」が入れ替わった日（沖縄県）

「日本の常識は、世界の非常識」という言葉がある。道路の通行方向もその一つだ。「車は左、人は右」とは日本の常識だが、世界の国の圧倒的多数は、車両右側通行を採用している。

ところが、日本にもかつて車両右側通行の地域が存在していた。日本返還直後の沖縄がそれだ。戦前、沖縄は日本本土と同じく左側通行だったが、戦後の米軍占領下で、右側通行に変更されていた。一九七二（昭和四七）

交差点脇の記念碑。右側通行から左側通行に切り替わることを示すマークが入っている

年に沖縄は日本への復帰を果たすが、交通システムの切り替えは簡単には行えず、しばらくの間は右側通行が保たれていたのだ。

しかし国際条約では、一国の交通システムは一つの制度に統一すべしと決められている。このため、本土復帰から六年後、ついに沖縄の道路も左側通行に切り替えられることになった。

この、沖縄復帰の総仕上げともなった大事業の跡が、日本の国道網の最果てに残っている。石垣島西部、国道三九〇号起点の「730交差点」に、通行方向変更の記念碑が立てられているのだ。ここは、五万五〇〇〇キロメートルにも及ぶ日本の全国道群の、最西端地点でもある。

「730記念碑交差点」は国道390号の起点であり、日本の国道網における最西端地点

「730」という変わった交差点名は、通行方向変更が、一九七八（昭和五三）年七月三〇日に行われたことにちなむ。沖縄には当時鉄道がなく、純然たる車社会であったから、誰一人この変更と無縁では済まされない。というわけで七月三〇日（ナナサンマル）は、全ての沖縄県民にとって、決して忘れ得ぬ日付となっている。

何しろ通行方向を逆にするということは、道路や車に関わるあらゆるもの、そして何よりドライバーや歩行者の意識をすっかり入れ替えねばならない。必要な作業は、想像をはるかに超えて膨大だ。一九六七（昭和四二）年のスウェーデンなど、通行方向切り替えが行われたケースは他国でも幾度かあるが、いずれもかなりの混乱が起き、死亡事故も発生している。

こうした事態を避けるため、沖縄では七三〇に向けて、丸二年の準備期間を設けた。バス会社には国や県から補助金を出し、右ハンドル・左側乗降口仕様への改造、あるいは新車購入が行われた。自家用車のヘッドライトも左右逆にする必要があり、無償での交換が行われた。

最も問題となったのは、道路の標識や信号などの設備であった。これらを一夜で全て移設するなどは、当然不可能だ。そこで、左側通行用の標識を立てて当日までカバーをしておき、夜のうちにカバーを右側の既存標識に移し替えるという作戦が立てられた。

人々の意識の切り替えにも、非常な努力が払われた。何しろ、事は全県民の生命に関わる。小学生・老人から米軍兵士に至るまでを対象とした講習会が開かれ、左側通行の周知が図られた。『七三〇の唄』が作られ、直前には地元局で『クイズ730』という番組が放映されたりもした。

県民からは、「世界標準は右側通行なのだから、本土の方が沖縄に合わせるべきだ」という反発の声も少なくなかった。これは正論ながら通るはずもなく、切り替え作業は粛々と行われていった。

そしていよいよ当日。二九日夜一〇時から全ての道路は通行止めとなり、切り替えの作業が一斉に進められた。前日にきた台風の影響が残り、作業が難航したところもあったが、予定の時刻までに、作業は無事完了する。

そして七月三〇日午前六時。鳴り響くサイレンが、三〇年以上慣れ親しんだ交通システムの終わりを知らせた。全国から派遣された警察官が各交差点に立ち、行き交う車を整理した。ドライバーたちは、慣れぬ右左折に戸惑いつつも、死亡事故ゼロでこの日を乗り切ったという。日本交通史上に例のない730プロジェクトは、見事に成功したといえよう。

とはいえ、長年体に染み込んだクセは簡単に消えるものではない。この後しばらくは渋滞が頻発したし、思わず逆走してしまった、ぶつけてしまったというドライバーは少なくなかった。歴史の荒波の中で何度も悲劇を経験してきた沖縄は、ここでも貧乏くじを引かされたのだ。

筆者もサラリーマン時代に会社の合併を経験し、ずいぶん面倒な思いをした。それまで慣れ親しんだシステムを捨て、新たな仕組みに合わせるのは、傍目からはわかり

D A T A

国道
390
ROUTE

都道府県	沖縄県
起　　点	沖縄県石垣市
終　　点	沖縄県那覇市
路線総延長	552.2km
現道実延長	59.1km
制　定　年	1975年

国道390号の起点は730交差点で、石垣島の南岸、東岸沿いに走ったところで突然途切れる。そこから宮古島北部にワープ、島を半周した後に再び飛んで、今度は沖縄本島の那覇埠頭付近に現れ、市内中心部で終了する。総延長の約9割が海上区間という、海の国道だ。

にくい痛みとストレスを伴う。

無論、システムが統一されることは、全体に大きな利便をもたらす。反発はあろうとも統一を断行すべきこともあるだろう。だが、そのためのコストはどれほどか、合わせなければならない者の痛みはどれだけか、それを乗り越えてでも統一を行う価値はあるのか、十分検討されているだろうか。「世界標準」が錦の御旗の如く振り回される現代、730から学ぶことは多そうだ。

あとがき（単行本版）

本書は、「新潮45」誌に掲載されていた、同題の連載をまとめたものだ。優れた書き手や論者がひしめくこの雑誌で、国道趣味などという妙なテーマの連載が三〇回以上も続くとは、筆者自身思いもよらなかった。

身近な存在である、国道の謎を解いていくというテーマで書いてきたが、筆者の調査能力不足のせいで、残念ながらわからぬままであったことは数多い。本文でも触れたように、鉄道に比べると道路に関する資料は表に出にくく、また残りにくい。以前国土交通省道路局の方にお会いした時に、疑問に思っていたことをいくつか伺ってみたことがあるが、今となってはわからない事柄も多いようであった。

そこで、今のところ筆者にはわかっていない謎を列挙し、あとがき代わりとすることにしよう。もしご存知のこと、あるいは優れた資料などあれば、ぜひご教示いただきたい。たとえば国道標識に、なぜあのおにぎり型が採用されたのだろうか。

他の標識はほとんどが比較的単純な円形や正方形などであるのに、このおにぎり型はなかなか思いつかない形ではないか。識別もしやすく、なかなか秀逸なデザインと思うのだが、いったい誰が考えてどういう経緯で出てきたものなのだろうか。

また、コラムでも少し触れたが、国道には番号だけで路線名がない。東名など高速道路は路線名だけで番号なし、都市高速及び県道は番号と路線名併用と、まるで不統一なのである。管理者が違うからといわれればそれまでだが、考えてみれば妙な話だ。世の中には番号だけでは覚えにくいという人も多いし、走行中の車からとっさに路線名と行き先を読み取るのも大変だ。両者併用という形がよいのでは、と筆者は思う。

実際、一九五三（昭和二八）年から一九六五（昭和四〇）年までの間、一〇一号から二七一号までの国道には、「二級国道二四六号東京沼津線」のような路線名がついていた。一方、当時存在した一級国道の一～五七号は、番号のみで路線名はなかったのはなぜだろうか。そして、国道の路線名はなぜなくなってしまったのだろうか。

国道の番号のつけ方も、わからないことが多い。なぜ東京～仙台間に、四号と六号の二本の一桁国道が指定されたのかとか、なぜかつての五街道である中山道（国道一七号・一八号他）や甲州街道（国道二〇号）は後回しにされたのだろうかとか、なぜ九州の一〇号が四国の一一号より若い番号になったのだろうとか、いろいろと疑問が湧いてくる。何か当時の議論の経緯でも見つからないものか、と思う。

個別の国道でも、いろいろ不思議なものはある。たとえば国道二五号は、高速道路並みの規格でありながら無料で走行できる、「名阪国道」（三重県亀山市～奈良県天理市）区間が有名だが、これに並行して非常に頼りないもう一本の国道二五号が走っている。この通称「非名阪」区間、とうてい二桁国道の風格はない道だが、なぜか国道指定を外されることなく今も現役だ。どういう事情であるのか知りたいが、いまだ謎である。

第三京浜は、東京～横浜間を結ぶ重要なルートだが、当初は東京都道・神奈川県道の扱いだった。松波成行氏の著書『国道の謎』（祥伝社新書）によれば、国道として建設すべく計画段階でかなり検討が行われたということだが、結局実現はしなかった。しかし一九九三（平成五）年になり、第三京浜は四六六号として突然に国道の仲間入りを果たす。なぜ三〇年近く経ってから方針が転換されたのか、これまた謎である。

東京の杉並区、中野区から八王子市に至る地域は、見事に国道が通っていない。このエリアの鉄道網が非常に充実しているのとは対照的だ。環八と国道一六号の間に南北方向の幹線道路がないため、通過交通は全て首都高速に流れ込まざるを得なくなっている。このことは首都圏の交通に大きなマイナスをもたらしていると思うのだが、この「多摩国道砂漠」はなぜ生じたのだろうか――という具合で、国道に関してわからぬことはいくらでもある。

道路はふだん空気のようで注意を払われることがないが、そこには研究者が生涯を捧げるに値するほどの、大きな現代史の謎が詰まっている。もちろんそこまで気張らずとも、注意して地図を眺めるだけで不思議なことはいくらでも見つかる。そうしたら、「この道はどこにつながっているのだろう」「この道はどういう意図で造られたのだろう」と、ふだんと違う方へちょっとハンドルを切ってみてほしい。通い慣れ、見飽きた道は、きっとあなたの知らなかった世界へとつながっているはずだ。

文庫版あとがき

新潮社版の「あとがき」にも書いた通り、本書は「新潮45」誌での連載をまとめて書籍化したものだ。筆者として思い出深い本ではあるのだが、実は心残りもあった。連載は四〇回ほど続いたのだが、書籍に収録できたのは第三〇回までで、残り一〇回分はお蔵入りとなっていたのだ。

そしてこのほど、思いがけぬことに光文社から、「国道者」文庫化のお話をいただいた。ということで、この機会にかつて日の目を見なかった四一号、五七号などの原稿も掲載させていただくこととなった。道路でいえば、念願かなって拡幅整備が完了したということで、著者として大変に嬉しい。

新潮社版「国道者」の刊行から七年、読み返すと道路をめぐる状況はずいぶん変わっていた。最後のダート国道が消え、日本橋の首都高は地下化されることになった。いくつかの断絶区間にトンネルが開通し、一方でいくつかのフェリー航路が廃止された。改めて、道路とは生き物であり、社会を映す鏡であると思う。

実のところ、子どもが成長したことや、コロナ禍の影響もあり、筆者も最近は国道めぐりをしなくなってしまった。道路も人も変わり、時代はただ流れてゆく。

本文でも書いた通り、道路のような身近な存在ほど、意外に記録には残りにくい。移り変わりゆく道路というインフラの、二一世紀初頭の姿を捉えた記録として本書が後世まで残ってくれれば、好事家の一人、書き手の一人としてこれほど嬉しいことはない。

二〇二二年一一月

佐藤健太郎

参考文献

『国道の謎』松波成行著（祥伝社）
『道路の日本史　古代駅路から高速道路へ』武部健一著（中央公論新社）
『大研究　日本の道路１２０万キロ』平沼義之著（実業之日本社）
『道路行政』武藤博己著（東京大学出版会）
『街道を歩く』（洋泉社）
『県別全国古街道事典　東日本編』みわ明編（東京堂出版）
『県別全国古街道事典　西日本編』みわ明編（東京堂出版）
『空旅・船旅・汽車の旅』阿川弘之著（中央公論新社）
『地図と写真から見える！　日本の街道　歴史を巡る！』街道めぐりの会編（西東社）
『党人　河野一郎　最後の十年』小枝義人著（春風社）
『田中角栄秘録』大下英治著（イースト・プレス）
『横浜謎解き散歩』小市和雄監修（中経出版）
『広島今昔散歩』原島広至著（中経出版／ＫＡＤＯＫＡＷＡ）

知恵の森
KOBUNSHA

国道者《こくどうもの》
拡幅整備済《かくふくせいびずみ》

著　者——佐藤健太郎（さとう けんたろう）

2022年　12月20日　初版1刷発行

発行者——三宅貴久
組　版——萩原印刷
印刷所——萩原印刷
製本所——ナショナル製本
発行所——株式会社 光文社
東京都文京区音羽1-16-6 〒112-8011
電　話——編集部(03)5395-8282
書籍販売部(03)5395-8116
業務部(03)5395-8125
メール——chie@kobunsha.com

ISBN978-4-334-78808-7　Printed in Japan